Thema Geschichte KOMPAKT

Europa um 1500 – Beginn einer neuen Zeit?

Dr. Hartmann Wunderer

Schroedel

Thema Geschichte KOMPAKT

Geschichtliche Reihe für die Sekundarstufe II

Europa um 1500 –
Beginn einer neuen Zeit?

bearbeitet von
Dr. Hartmann Wunderer

Druck A[1] / Jahr 2010

Alle Drucke der Serie A sind im Unterricht parallel verwendbar. Die letzte Zahl bezeichnet das Jahr des Druckes.

Redaktion: Dr. Carsten Drecoll
Herstellung: Sabine Schmidt, Hannover
Layout: Janssen Kahlert, Hannover
Grafik: Langner, Hemmingen
Satz: Schmiku Repro, Schwerte
Druck und Bindung: westermann druck GmbH, Braunschweig

ISBN 978-3-507-**36864**-4

INHALTSVERZEICHNIS

VORWORT

Beginnt um 1500 in Europa – vielleicht sogar in der Welt – eine neue Zeit? Oder ist diese Sichtweise eine Interpretation der Geschichtsschreibung des 19. Jahrhunderts, gar ein „Gründungsmythos" des modernen Europas?

Der vorliegende Band von Thema Geschichte kompakt behandelt unter dieser Fragestellung den thematischen Schwerpunkt „Europa an der Schwelle zur Neuzeit" für das Zentralabitur in Niedersachsen 2012. Der Band ist sowohl für den Unterricht als auch für das eigenständige Arbeiten der Schülerinnen und Schüler geeignet.

Gemäß den Vorgaben dieses Lehrplans konzentriert sich Thema Geschichte kompakt auf die vorgegebenen Schwerpunkte wirtschaftliche und gesellschaftliche Entwicklungen in Oberitalien, neues Denken in Europa und Anfänge der europäischen Expansion.

Darüber hinaus wird die Reformation kurz angesprochen sowie die wirtschaftliche Ausbeutung der neuen Länder thematisiert. Viele andere Themenbereiche, wie besonders die beginnenden Konfessionskriege oder die sozialen Konflikte, die hinter Bauernkriegen und Aufständen in den (italienischen) Städten standen, sind im Bildungsplan nicht berücksichtigt worden und werden daher auch in diesem Band nicht behandelt. Dementsprechend handelt es sich bei dem thematischen Zuschnitt dieses Bandes notwendigerweise um einen Ausschnitt aus dem Themenfeld der frühen Neuzeit.

Mit Thema Geschichte kompakt lassen sich auch die beispielhaft angegebenen Unterrichtsthemen des Bildungsplans bearbeiten, für manche bedarf es hier eines systematischen Zugriffs. Das vertiefende Thema „Mythos Renaissance" kann mit Kapitel 1.0 und 9.0 bearbeitet werden.

Ein besonderes Gewicht kommt der Kunstgeschichte als Teil der politischen und gesellschaftlichen Geschichte zu. Daher wird gezielt mit Bildinterpretationen gearbeitet, und auch die beiden Methoden-Einheiten (Portraitkunst der Renaissance und Zentralperspektive) beziehen sich auf diesen Ansatz.

Der Aufbau des Bandes entspricht dem aller Bände dieser Reihe. Neben recht knapp gehaltenen Darstellungstexten dienen Bild- und Textquellen zur eigenständigen Erarbeitung des jeweiligen Kapitelthemas. Die Arbeitsaufgaben sind Vorschläge, die erweitert oder verändert werden können.

1.0 Die Epoche der Renaissance – Frühling nach „finsterem" Mittelalter?

Epochenabgrenzung

Die Epoche der Renaissance gilt allgemein als der dramatische Auftakt der Neuzeit, gleichsam als Frühling nach dem „düsteren Mittelalter". Sie wird häufig als ungemein kreative Epoche gedeutet, in der das Individuum erstmalig zu seinem Recht kam und in der starre Verbindlichkeiten und Weltbilder des Mittelalters heftig in Bewegung und Kritik gerieten. Dieser Durchbruch zur Moderne vollzog sich zuerst in Italien, da hier am lebhaftesten die antiken Schätze und Erkenntnisse gewonnen, ausgebeutet und diskutiert wurden.

Die verwirrende und wenig strukturierte politische Struktur Italiens mit seinen zahlreichen ökonomisch hoch entwickelten, reichen Städten und Stadtstaaten bildete eine geradezu ideale Voraussetzung für zahlreiche politische und künstlerische Experimente. Dieser Raum bot sich für ein Laboratorium der Moderne und den modernen Menschen an, in der rabiat mit alten Traditionen gebrochen werden konnte, in der aber auch skrupellose wie ingenieuse Machtmenschen Einfluss und Macht erlangten und ihre Macht und Herrschaft mit allen Mitteln zu stabilisieren versuchten. Hier gediehen auch die modernen Theoretiker der Macht und deren Verächter, hier wurde skrupellos Religion, Dichtung, Kunst und Architektur machtpolitisch instrumentalisiert und hier konnten sich natürlich auch die schärfsten Kritiker dieser machtpolitischen Initiativen entwickeln und entfalten.

Jacob Burckhardt

Dieses farbenprächtige Bild von der Renaissance hat erstmalig der große Historiker Jacob Burckhardt um 1860 auf einer bemerkenswert breiten Quellengrundlage entfaltet; und seit Generationen arbeiten sich Historikerinnen und Historiker an seinem monumentalen Werk bzw. an seinen Konstruktionen von dieser Epoche ab.
Diese Vorstellungen von einem eruptiven, neuartig kreativen Aufbruch durch die Renaissance stießen bei manchen Mediävisten auf lebhafte Kritik, denn hier wird auch ein klischeegetränktes Bild von einem starren Mittelalter mit klaren, verbindlichen kollektiven Welt- und Glaubensvorstellungen entwickelt, das die Welt des durchaus widersprüchlichen Mittelalters weit verfehlt. Denn auch im Mittelalter gab es zahlreiche Elemente von „Modernität", von Individualismus, Skeptizismus und keineswegs nur unkritische Rückbezüge auf die Antike. Durch diese Einwände wurde zugleich das Bild von der Renaissance als erstmalige Wiederentdeckung der Menschen- und Weltbilder der Antike erheblich relativiert. Manche Mediävisten sprechen gar von einer „karolingischen" Renaissance, sie datieren also die Epochengrenze stark zurück.

Jacob Burckhardt (1818–1897) gilt als Begründer der modernen Kunstgeschichte.

Nimmt man ökonomische Strukturen in den Blick oder die „moralische Ökonomie" der „einfachen Leute", also Lebensbereiche, die sich nur langsam und unspektakulär veränderten, verkompliziert sich die Frage nach einer klaren Epochenabgrenzung noch weiter.

MATERIAL

1 Epochenbegriff und Datierungsproblematik der Renaissance

Der Epochenbegriff der Renaissance, der im engeren Sinn eine Prägung des 19. Jahrhunderts ist, vermittelt ein unscharfes, schwebendes Bild. Unter (Kultur-) Historikern besteht selten Übereinstimmung darüber, welche geschichtliche Epoche damit genau bezeichnet wird und was jeweils das Renaissancespezifische ausmacht. Stärker noch als andere Epochenbegriffe beinhaltet der Begriff der Renaissance einen Gegenentwurf zur je eigenen Gegenwart, deren Defizite und Unzulänglichkeiten durch die Darstellung der als Renaissance bezeichneten Zeit umso prägnanter herausgehoben werden sollen. [...]
Wenn Michelet [1855] und Burckhardt [1860] auch darin übereinstimmen, dass es sich bei der Renaissance um eine wesentlich kulturell definierte Epoche handele, so dissentieren sie doch hinsichtlich des als Renaissance bezeichneten Zeitraums: Bezieht sich Michelet wesentlich auf das 16. Jahrhundert, so schöpft Burckhardt sein Material aus dem 14. und 15. Jahrhundert und lässt die Epoche enden, wo sie für Michelet erst beginnt: bei der Invasion Karls VIII. in Italien im Jahre 1494. Dementsprechend besteht auch Uneinigkeit darüber, was die Renaissance in ihrem Wesen ausmacht und wodurch sie entstanden ist: Für Burckhardt handelt es sich im Kern um die Wiederentdeckung der antiken Kultur, durch die sich das Bild der Welt und des Menschen, der Geselligkeit und des Staates grundlegend verändert hat, wobei er das Zentrum der Renaissance in Italien sieht, von wo aus ihre Impulse auf das übrige Europa ausstrahlten. Michelet dagegen hat unter Renaissance den Zusammenprall der französischen und der italienischen Kultur verstanden, der mit dem Schock von 1494 beginnt, als die Franzosen trotz ihrer militärischen Überlegenheit die Erfahrung machen mussten, dass sie den Italienern kulturell mindestens ein Jahrhundert hinterherhinkten, und der dann seine Fortsetzung fand in dem Schutz, den französische Waffen der italienischen Kultur gegen die spanische Inquisition zuteil werden ließen, bis dann nach dem Sacco di Roma (1527) und der militärischen Zerschlagung der Florentiner Republik (1530) die Renaissancekultur von Italien nach Frankreich weiterwanderte. [...]
In der jüngeren Forschungsliteratur wird die Renaissance im Allgemeinen auf die Zeit vom späten 14. bis zur Mitte des 16. Jahrhunderts datiert, wobei man davon ausgeht, dass sie zeitlich verschoben und mit unterschiedlicher Bedeutung für die kulturelle Entwicklung der einzelnen Länder stattgefunden hat: Sie nahm ihren Anfang in den oberitalienischen Stadtstaaten, mit Florenz bis zum Ende des 15. Jahrhunderts als Zentrum, um sich von hier aus über Europa, vor allem nach Frankreich, England und auch Deutschland, weniger nach Spanien und nur ansatzweise in den mitteleuropäischen Bereich, auszubreiten. An der Kulturbewegung der Renaissance haben sich viele und unterschiedliche soziale Gruppen beteiligt; von entscheidender Bedeutung waren jedoch von Beginn an die Kaufleute, sodass es zeitweilig zu einer kultur- wie sozialgeschichtlich seltenen, wenn nicht in dieser Form einmaligen Verbindung von Geld und Geist gekommen ist. Freilich haben eine Reihe von Renaissancekünstlern und -gelehrten auch die Nähe von Herrschern gesucht, die ihnen Schutz und Auskommen verschafft haben. So begann die Renaissance in den oberitalienischen Städten als eine bürgerliche Kunst, verlagerte sich dann aber mehr und mehr an die Höfe der europäischen Herrscher.
Offenbar ist der Aufschwung des Handels und der Städte in Oberitalien seit dem 12./13. Jahrhundert eine wichtige Voraussetzung für die kulturelle Entwicklung der Renaissance gewesen, und zwar in Verbindung mit einer polyzentrischen Aufteilung des Landes, in deren Folge die verschiedenen Städte und Höfe miteinander um die besten und bedeutendsten Künstler konkurrierten. [...] Auch wenn die ökonomische wie die politische Dynamik in Oberitalien die kulturelle Entwicklung ermöglicht und in Gang gehalten hat, wird man doch die Parallelität der sozioökonomischen und der kulturellen Entwicklungen nicht überzeichnen dürfen.

Herfried und Marina Münkler, Lexikon der Renaissance, München (Beck) 2005, S. 338–342

Sacco di Roma, 1527
1527 richteten deutsche und spanische Landsknechte ein fürchterliches Blutbad in Rom an und plünderten die Stadt. Merian-Stich von 1630

MATERIAL 2

Die Historikerin Bea Lundt zur Problematik der Epochengrenze

Für keine andere historische Phase [wie für die Frühe Neuzeit] ist ein so vollständiger Aufbruch in den verschiedensten gesellschaftlichen Bereichen behauptet worden. Schon die monokausal aneinandergereihte Kette innovativer Phänomene macht aber misstrauisch. Ohnehin sind Epochenkonzepte nicht „objektiv“ der Geschichte immanent. Solche Zäsuren werden im Nachhinein in den Fluss der Geschichte hineingelegt und sie entsprechen primär nicht den Intentionen der Zeitgenossen, sondern der Nachgeborenen. Deren Geschichtsidentitäten verleihen sie eine historische Sinngebung und Weihe: etwa, indem sie den eigenen Standort mit dem Glanz und der Patina historischer Bewährtheit schmücken. Umgekehrt zu dieser Legitimierung wird aber auch Dubioses ins Vergessen getaucht, und damit vom unbewältigt Fortwirkenden abgelenkt.
Gerade Geschichten vom Anfang einer Entwicklung, die bis in die Gegenwart fortdauert, entstehen oft durch Rückprojektionen. Unter den Überlieferungen wird dann selektiv ausgewählt und just genau das Erwünschte wird als allgemeingültig wahrgenommen. [...]
Wenn ich also verbreitete Bilder abgerufen habe, die assoziativ mit der Frühen Neuzeit verbunden werden, dann deshalb, um mir vorzubehalten, diese zu transformieren. Das populäre Verständnis von dieser Übergangsphase beruht oft genug auf zwei Faktoren: einem Feindbild gegenüber dem Mittelalter und einem naiven Fortschrittsglauben. Wird ein extremer Bruch zwischen den Zeiten vor und nach 1500 angenommen, so verleitet diese Zäsur dazu, den einen Teil, nämlich den vor 1500, als Ende von etwas zu definieren, das man gerne als überwunden sehen möchte. Der andere Strang aber, der nach 1500, wird mit einem „Wir“-Gefühl vereinnahmt und ausschließlich wohlwollend als Vorform einer gemeinsamen Sache verfolgt; schließlich rechnet man sich selber ja zur „Neuzeit“.

Bea Lundt, Europas Aufbruch in die Neuzeit 1500–1800. Eine Kultur- und Mentalitätsgeschichte, Darmstadt (WBG) 2009, S. 13

1. Erläutern Sie, warum sich die Epoche der Renaissance so schwer eingrenzen lässt (M 1).
2. Erläutern Sie Bea Lundts Bedenken hinsichtlich der Epochenabgrenzung (M 2).

1.1 Zwischen Endzeit und Aufbruch – Kunstwerke als Quellen

Naht das Ende der Welt?

Während eine Reihe von Menschen um 1500 eine neue Zeit anbrechen sah, warteten viele andere auf das nahe Ende der Welt. Zunächst würde der Antichrist erscheinen und seine Schreckensherrschaft ausüben. Nach seiner Vernichtung durch die Macht Gottes werden im jüngsten Gericht die Frommen von den Sündern getrennt, auf die einen wartet der Himmel, die andern müssen ihre Untaten oder ihren Unglauben in der Hölle büßen. Diese apokalyptischen Vorstellungen waren um 1500 sehr weit verbreitet.

Der Dominikaner Girolamo Savonarola (1452–1498) verkündete 1484 angesichts der „Entartungen" an der Kurie und der „laxen Moral" der Stadtbewohner von Florenz das nahe Endgericht. Nachdem französische Truppen die Medici aus Florenz vertrieben hatten, sahen viele in Savonarola einen Propheten, der nun in Florenz einen theokratischen Staat errichten konnte. Als Savonarola nach Exkommunikation und Folter hingerichtet worden war, war zwar ein gefährlicher Bußprediger liquidiert, nicht aber seine Ideen.

Reale und eingebildete Bedrohungen

Die protestantische Reformation verstärkte diese Grundstimmung noch weiter. Luther, Dürer und viele andere rechneten mit dem nahen Ende der Welt, Spekulationen richteten sich auf das Jahr 1524, eine bestimmte Planetenkonstellation oder eine neue Sintflut könnten die Zeichen dafür sein. Als Vorzeichen der Apokalypse galten in der Frühen Neuzeit insbesondere auch die Epidemien wie die Pest, die Bedrohung durch die Türken sowie das Wirken von Hexen. Nicht zuletzt im Hexenwahn drückt sich seit der zweiten Hälfte des 16. Jahrhunderts ein hohes Maß an sozialer Unsicherheit aus.

Das Erscheinen des Antichristen in der Darstellung der Weltchronik von Hartmann Schedel, Nürnberg, 1493

MATERIAL

Dem Körper auf den Leib rücken (Christian Thomas, 2003) 1

Sie waren natürlich dieselben geblieben, aber sie mussten sich Zug um Zug vergewissern. Wie liegt, zum Beispiel, das Haar? Die Fragen, die an die Wahrnehmung gestellt wurden, konnten nicht konkret genug sein. Was will uns das Bein plötzlich sagen? Und da tatsächlich ein Einsehen war, auch mit dem Bein, konnte das Lebewesen Mensch endlich auf sichere Füße gestellt werden. Malend, modellierend, sogar zeichnend wurde der menschliche Körper neu in Augenschein genommen. Das Erkennen des Körpers blieb bis dahin eine Herausforderung, schwerfällig wie die zeichnende Hand war, die bis dahin zurückgeblieben war. [...]

Da muss die Entdeckung der Anatomie, die um 1410/1420 auch in Süddeutschland einsetzte, den Einbruch des Jähen bedeutet haben, so wie es erst wenige Jahre zuvor auch in der Toskana und in Burgund geschehen war. Zweifellos waren, um ganz kurz an [...] Evergreens der Bildhauerei zu erinnern, Donatellos Heiliger Markus in Florenz (1413) [...] weiter. Wahrhaftig weiter, was das körperliche Selbstbewusstsein der [...] Skulpturen anging. Weiter, was deren Körperbewegtheit betraf: die Drehung des Leibes, die ihn beherrschenden Kräfte und Gegenkräfte, das Verhältnis von Stand- und Spielbein, die Gegenbewegung der Schultern – ganz abgesehen von den Faltenwürfen, die den Leib verhüllten, um dessen Energien auszudrücken. Nun, auch im altdeutschen Nürnberg war eine Ahnung von all dem aufgekommen, von nichts anderem als dem Auftritt des modernen Leibes im Kontrapost.[1]

[1] Kontrapost: kunsthistorischer Begriff für die oben beschriebene asymmetrische Haltung einer Statue.

Christian Thomas: Dem Körper auf den Leib rücken. In: Frankfurter Rundschau vom 22.11.2003, S. 15

Der Heilige Markus des Florentiner Bildhauers Donatello (1386–1466). Die Marmorstatue schmückt die Außenseite des Doms Santa Maria del Fiore. Zu dieser Zeit (1413) war die Loslösung der Statue aus der baulichen Umgebung noch ungewöhnlich.

MATERIAL

2 Hieronymus Bosch – Der Geist der Apokalypse

Wie viele seiner Zeitgenossen glaubte auch Hieronymus Bosch (1450–1516) an die reale Existenz von Dämonen und Geistern, an die ewige Verdammnis. Nur diejenigen, davon war der Moralist Bosch überzeugt, die ihr Leben Gott weihen, entgehen den Höllenstrafen. – Das Heu symbolisiert weltlichen Besitz, den sich die Menschen zusammenraffen, der Heuwagen bewegt sich schier unaufhaltsam in Richtung Hölle (die auf dem rechten Teil des Triptychons dargestellt wird; auf der hier ebenfalls nicht abgebildeten linken Tafel ist das Paradies zu sehen.) Auch das Liebespaar auf dem Heuwagen ignoriert den Schutzengel. Manche Interpreten ordnen den Künstler wegen seiner pessimistischen Sichtweise dem Mittelalter zu. Andere meinen, dass Bosch, der virtuos mit neuen Formen experimentierte, ein typischer Exponent der beginnenden Neuzeit sei.

Hieronymus Bosch: Der Heuwagen, Mittelteil eines Triptychons, um 1500–1502 (Prado, Madrid)

MATERIAL

Michelangelo – Der Geist des Republikanismus 3

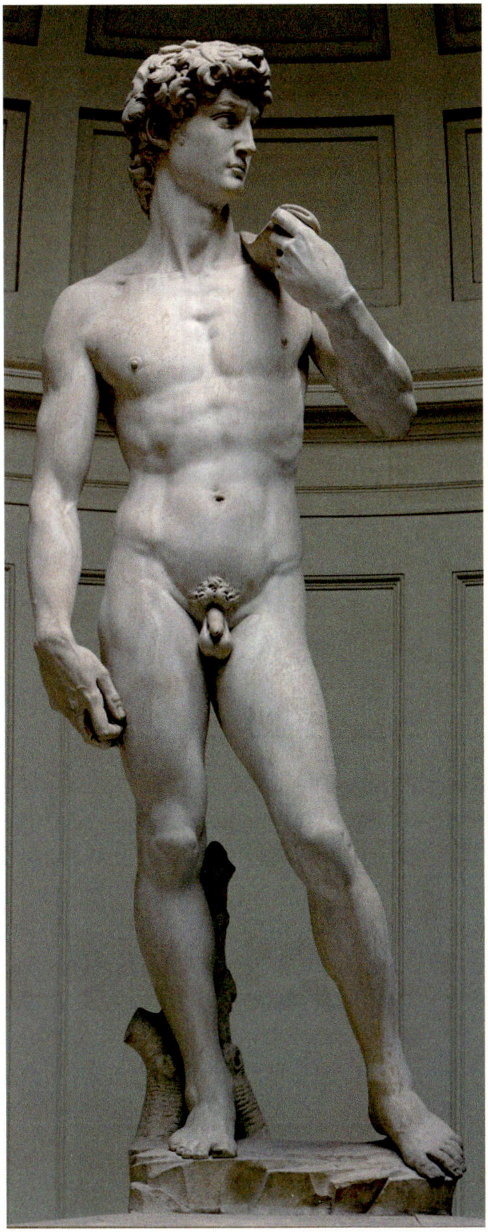

In Florenz und anderen Städten entfaltete sich um die Jahrhundertwende ein starker republikanischer Freiheitswille. Die Reformation in Deutschland, die sich zunächst in den Städten vollzog, wäre ohne diesen kaum möglich gewesen. Der Florentiner Bildhauer, Maler und Dichter Michelangelo Buonarotti (1475–1564) schuf seinen „David" aus einem einzigen Marmorblock. Die 5,50 m hohe Figur wurde am Rathausplatz postiert, dem wichtigsten Versammlungsort der Stadt Florenz. Bürger hatten Michelangelo beauftragt, mit der Statue ein politisches Symbol republikanischer Freiheit zu schaffen – in diesen Jahren waren die Medici, die politisch führende Familie aus der Stadt vertrieben worden.
Bei diesem Kunstwerk wird das religiöse Thema des biblischen David völlig umgedeutet. Michelangelo gibt der Figur einen zugleich aktuell-politischen wie überzeitlichen Sinn. Der Künstler orientiert sich dabei an der Ästhetik der klassischen Antike und stellt sein Werk in einen schroffen Kontrast zu mittelalterlichen Darstellungen des Menschen. Als die Statue zu ihrem Aufstellungsort transportiert wurde, bewarfen die in der Stadt verbliebenen Parteigänger der Medici sie mit Steinen. Einerseits stellt der nackte David eine Kritik am Luxus der Medici dar, andererseits ist diese Nacktheit Symbol für den selbstsicheren, gelassen-selbstbewussten Bürger, der wachsam (mit der Schleuder in der Hand) auf die Bedrohungen von außen sowie gegenüber der Tyrannenherrschaft reagiert.

Michelangelo Buonarotti, David, 1501–1504
(Accademia di Belle Arti, Florenz)

MATERIAL

4 Quentin Massys – Der Geist der Wirtschaft

Quentin Massys, Der Goldwäger und seine Frau, 1514 (*Louvre, Paris*)

Der flämische Maler Quentin Massys (1465/66–1530) stellt einen Berufsstand dar, der in seiner Heimat und überall dort, wo jetzt zunehmend Handel getrieben wurde, an Bedeutung zunahm. Auf dem Geldmarkt waren unzählige verschiedene Münzen und Währungen im Umlauf, deren Wert und Gültigkeit schwankte bzw. zeitlich begrenzt war. Für professionelle Geldwechsler waren die Kenntnisse über den Silber-, Gold- und Geldmarkt ein einträgliches Geschäft. Manch einer verlieh auch Geld oder zahlte für Einlagen gute Zinsen: Das Bankgeschäft im modernen Sinne steckte in seinen Anfängen. Mit dem Wandel von der Tausch- zur Geldwirtschaft, der Entstehung des Frühkapitalismus und den intensivierten Handelsbeziehungen entstand zugleich eine folgenreiche neue Mentalität. Dieser „Geist der Rechenhaftigkeit" – auch identifizierbar beim Ablasshandel – war häufig Thema (kritischer) künstlerischer Darstellungen. Humanisten und Theologen debattierten heftig über diesen neuen Geist, insbesondere über den „Wucher" und die Macht von vielen großen Monopolisten.

Der selbstdisziplinierende Geist der Rechenhaftigkeit gilt als eine Voraussetzung für den Kapitalismus. Er wurde – so will es zumindest eine weithin anerkannte Theorie des Sozialwissenschaftlers Max Weber – durch die Theologie der Reformation noch weiter beflügelt.

MATERIAL 5

Hans Holbein der Jüngere – Der Geist der Wissenschaft (1533)

Hans Holbein der Jüngere (1497–1543), *Die Gesandten*, 1533 (*National Gallery, London*)

Das Gemälde des Bayern Hans Holbein (1497–1543), der vor allem in Basel und London arbeitete, gibt den Kunsthistorikern bis heute Rätsel auf. Auf den ersten Blick ist es ein Doppelporträt zweier Männer, links ein Diplomat, rechts ein gelehrter Kleriker. Sie rahmen eine Reihe von Gegenständen mit symbolhafter Bedeutung ein: Himmelsglobus, Sonnenuhr, Quadrant für astronomische Studien, Globus, Zirkel, eine Laute, Gesangbuch, Flöten. Dargestellt werden also indirekt die Wissenschaften und Künste bzw. deren Hilfsmittel und Instrumente, mit denen sich Renaissancemenschen auseinandersetzen sollten. Erst auf den zweiten Blick irritiert der scheinbar beziehungslos ins Bild gerückte Totenschädel, den man als solchen erst dann identifiziert, wenn man gewissermaßen aus dem Bild rückt und das merkwürdige Bildelement schräg von links oder rechts unten ins Auge fasst. Verweist dieser Schädel als Vanitas-Symbol inmitten all des Prunks auf die Vergänglichkeit menschlichen Denkens und Forschens, berührt es den Zweifel am menschlichen Erkenntnisvermögen, am menschlichen Sein?

MATERIAL
6 Mangel oder Überfluss? Wie stabil war der Alltag?

Pieter Brueghel der Ältere (1525/28–1569), *Schlaraffenland*, 1563 (*Alte Pinakothek, München*)

Das scheinbar so einfache Schlaraffenland – ein gerade in der Frühen Neuzeit weit verbreitetes Motiv – bietet beachtliche Interpretationsprobleme: Steht im Hintergrund eine veränderte Einstellung zu Geld und Arbeit? Immerhin entwickelte sich in dieser Zeit das „protestantische Arbeitsethos", also eine besondere Wertschätzung der Arbeit, die vor allem in der Stadtwirtschaft gepflegt wurde. Dann wäre das Schlaraffenland gewissermaßen ein Gegenbild zu einer rauer gewordenen Wirklichkeit, in der nur derjenige belohnt wurde, der hart arbeitete.

Oder sind die Fantasien vom Schlaraffenland Ausdruck von Hunger und Not? Die unbezweifelbaren Errungenschaften der Frühen Neuzeit hoben zunächst den Lebensstandard der allermeisten Menschen nicht nennenswert. Tatsächlich glaubten viele Menschen an ein „El Dorado" – ein goldenes Land, wo ihnen alle Sorgen abgenommen würden. Die so genannten Entdeckungsfahrten waren immerhin auch von dieser Vorstellung motiviert, die letztlich schon von religiösen Traditionen vorgezeichnet ist. Oder verbirgt sich hinter dem Schlaraffenland vielleicht gar eine Sozialkritik? Wer am längsten schläft, verdient am meisten, und der Faulste wird König? Kann das Bild als eine Kritik an der feudalhöfischen Prasserei gelesen werden?

1. Diskutieren Sie den Begriff „Epochenwandel". Benennen Sie Kriterien dafür und stellen Sie mögliche Beispiele dafür aus der Geschichte vor.
2. Erläutern Sie Kriterien des Wandels in der Frühen Neuzeit anhand der im Mittelpunkt stehenden Abbildungen. (M 1 bis M 6)
3. Stellen Sie weitere Kunstwerke der Epoche vor und erläutern Sie ihre zeitbedingten Besonderheiten.
4. Diskutieren Sie anhand der Abbildungen und Texte das Verhältnis von Technik, Wirtschaft, Politik und Mentalität bei der Ausbildung historischer Wandlungsprozesse.

2.0 Wandel überkommener politischer und ökonomischer Strukturen

Ein neuer Weg der Arbeitsteilung

Wie erlangten die großen Handelshäuser ihren märchenhaften Reichtum? Die Vorfahren der Fugger waren wahrscheinlich Landweber. Diese waren stark abhängig von dem städtischen Kaufmann, dem „Verleger" (eigentl. jeder Unternehmer, der in Vorlage geht, also die Produktionskosten vorfinanziert). Er lieferte ihnen die Rohware und nahm die fertig gewebten Stoffe wieder mit, meist Barchent, also ein fester, auf einer Seite angerauter Stoff aus Baumwolle und Flachs. Die Landweber erhielten für ihr Produkt einen extrem niedrigen Stücklohn, und damit sich ihre Arbeit überhaupt einigermaßen lohnte, beschäftigten sie häufig Frau und Kinder mit. Durch die höheren Stückzahlen konnte der Verleger kostengünstiger produzieren. Bei Nachfrageschwankungen trugen die Landweber das Risiko, denn sie bekamen dann weniger Aufträge durch den Verleger oder mussten sich mit einem geringeren Stücklohn bescheiden.

Da der Verleger seine Arbeiter bzw. Handwerker mit Rohstoffen und manchmal auch mit Werkzeugen versorgte, verfügte er über eine erhebliche wirtschaftliche Macht. Das Verlagssystem war – zumindest für den Unternehmer und langfristig auch für den Kunden – durchaus ein Fortschritt gegenüber früheren Zeiten, wo die handwerkliche Produktion in der Hand von einzelnen Werkstätten lag, die meist keine große Kapitalkraft besaßen und folglich auch keine großen Risiken wie das Einführen neuer Maschinen oder die Herstellung besonders aufwendiger und erst auf lange Sicht rentabler Produkte eingehen konnten.

Verlagswesen gegen Zunftwesen

Ein ähnlicher Wandel vollzog sich im Bereich der Metallverarbeitung, wo Serienfertigungen an die Stelle von Einzelanfertigung traten. Das Verlagssystem stand in Konkurrenz zu den städtischen Zünften, deren Produktion und Produktivität überdies eng reglementiert war. Städte wie Ulm oder Augsburg verdankten ihren Aufstieg u. a. der verlagsmäßig betriebenen Barchentweberei. Die wirklich großen Vermögen wurden freilich im Gewürz- und Fernhandel, im Bank- und Kreditgeschäft sowie im Bergbau erwirtschaftet.

Bergbau ist teuer

In der Montanindustrie (Bergbau und Hüttenindustrie) waren im 15. und 16. Jahrhundert in Deutschland – damals führend bei der Metallgewinnung und Verarbeitung – etwa 100 000 Personen beschäftigt. Allerdings setzte im Bergbau und bei der Metallverarbeitung die technische Ausrüstung hohe Kapitalinvestitionen voraus, zumal dann, wenn man auf der Höhe der Zeit arbeiten wollte und technologische Neuerungen wie Wasserpumpen einsetzte. Aufwendig war es auch, Schürfrechte zu bekommen, denn der Bergbau berührte hoheitliche Landesrechte und bedurfte einer speziellen Genehmigung (Konzession) der jeweiligen Regierung. Hier ergänzten sich die permanente Finanznot der Fürsten und die Interessen der großen Kapitalgesellschaften an lukrativen Abbaurechten.

Vom Feudalismus zum Frühkapitalismus

Vor allem durch die Verlagsindustrie vollzog sich seit dem ausgehenden Mittelalter der Übergang vom Feudalismus zum Frühkapitalismus. Damit ging der allmähliche Übergang von der Tausch- zur Geldwirtschaft und die Ausbildung einer „kapitalistischen" Gesinnung einher. Allerdings entwickelten sich kapitalistische Strukturen in verschiedenen europäischen Regionen recht unterschiedlich, in England, den Küstenregionen um Antwerpen und Amsterdam sowie in Frankreich recht früh, in Deutschland nur in einigen Regionen, in Italien in den urbanen Zentren, in Südost-Europa und Osteuropa überhaupt erst spät im ausgehenden 19. Jahrhundert.

Der Übergang zum Handelskapital und die Ausweitung der gewerblichen Warenproduktion veränderten – zumindest in den Städten – die Lebensverhältnisse der Menschen. Der mit exorbitanten Gewinnen verbundene Fernhandel berührte zunächst die städtischen und adligen sozialen Oberschichten, während die zünftische Warenproduktion nach wie vor den städtischen Konsumbedürfnissen diente und das jeweilige ländliche Umland versorgte. Die Bedeutung der Zünfte änderte sich zunehmend mit der Entstehung eines Weltmarktes, denn zumindest im Bereich von Luxusgütern und Kunsthandwerk gab es nun mehr Konkurrenz als zuvor.

Im Zuge des Bevölkerungswachstums im 16. Jahrhundert kam es zu einer Reihe von technologischen Innovationen und zu intensiveren Handels- und Kapitalinvestitionen. Die städtische Wirtschaft, die für einen begrenzten Markt produzierte, wurde teilweise umgestaltet durch verschiedene Errungenschaften und vor allem durch das Verlagswesen im Textil- und Metallgewerbe. Das hatte auch gesellschaftliche Verschiebungen zur Folge. Mit dem wirtschaftlichen Erfolg im Rücken drängten neue Schichten auf Mitsprache und öffentliche Anerkennung. Andere dagegen gerieten ökonomisch ins Hintertreffen, wollten aber nicht ihren angestammten Einfluss aufgeben. Wie trugen diese Gruppierungen ihre Konflikte aus?

Der „kapitalistische Geist" der Handelsstädte

Um 1500 bildeten die beiden Städte Nürnberg und Augsburg (neben italienischen Städten) mit ihren umfangreichen Unternehmungen gewissermaßen die Speerspitze der europäischen Wirtschaft. Wie auch die Große Ravensburger Handelsgesellschaft erwirtschafteten sie spektakuläre Gewinne. Neu war hier, dass die Kapitalgesellschaften die stille Teilhaberschaft von Nichtkaufleuten, ja sogar von „kleinen Leuten" kannten. Bei den Höchstettern sollen sogar Dienstmägde Einlagen getätigt haben. Ein auf Gewinn ausgerichtetes Denken hat sich offenbar im 15. und 16. Jahrhundert verbreitet, weit hinaus über den Kreis von Kaufleuten. Man wollte an den hohen Gewinnen beteiligt sein, sehr zum Missvergnügen mancher Reformatoren, die diesen unchristlichen „kapitalistischen Geist" scharf verurteilten.

Warum verlor der deutsche Frühkapitalismus, bei dem die Fugger und andere Handelshäuser an der Spitze der europäischen Entwicklung standen, so rasch an Schwungkraft? In welcher Weise die Macht der Handelsherren mit der der politisch Mächtigen verwoben war und wie sich Aufstieg und Niedergang eines Handelshauses im Rahmen feudaler Strukturen vollzog, wird exemplarisch an der Entwicklung der Augsburger Familie Höchstetter deutlich, die im Großhandel mit Textilien und Gewürzen tätig war und große Geschäfte mit viel zu dünner Kapitaldecke machte. Bei den Fuggern war es ähnlich: Ihr späterer Niedergang hing wesentlich mit den spanischen Staatsbankrotten zusammen, bei denen Forderungen von 4 bis 5 Millionen Gulden nicht eingelöst wurden.

Frühkapitalismus und Renaissance?

Die prachtvolle Epoche der Renaissance vollzog sich in etwa zeitlich parallel mit der Herausbildung europaweit und weltweit agierender Handelsgesellschaften, die mit begehrten Produkten sehr erfolgreich handelten. Hier stellt sich unmittelbar die Frage, ob es einen offenen oder einen verdeckten Zusammenhang zwischen der Herausbildung des Frühkapitalismus und der Renaissance gibt. Ermöglichten erst die fantastischen Gewinne mancher Handelsgesellschaften aus dem Handel mit begehrten Luxusprodukten aus dem Orient in der Frühen Neuzeit die Finanzierung von prachtvollen Renaissancebauten und ihren Kunstwerken?

Der zeitliche Zusammenhang legt eine entsprechende Vermutung durchaus nahe. Die Stimmen aus der historischen Forschung sind hier aber eher skeptisch. Immerhin stammten die finanziellen Ressourcen zahlreicher italienischer kunstsinniger Condottieri nicht aus Handelsgeschäften, sondern aus dem Einsatz von Söldnern im Kontext von Städterivalitäten, die nicht allein auf ökonomische Rivalitäten zurückgeführt werden können. Betrachten wir zunächst soziale Wandlungsprozesse in der Frühen Neuzeit und kommen wir dann zu Veränderungen der Herrschaftsstrukturen.

MATERIAL

Bevölkerung Europas 1000–2000 1

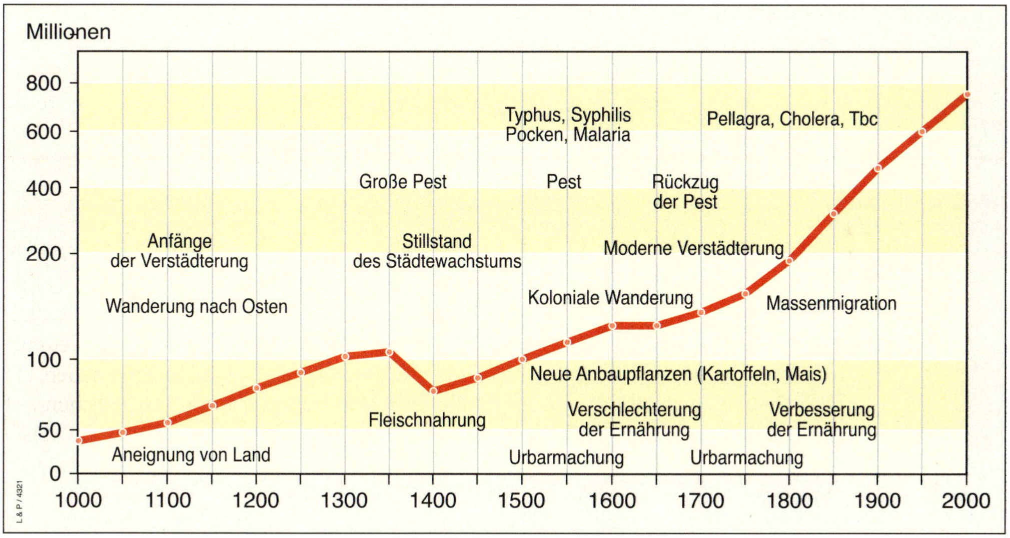

nach: Massimo Livi Bacci, Europa und seine Menschen. Eine Bevölkerungsgeschichte, München (Beck) 1999, S. 15

Anmerkungen:

11./12. *Jahrhundert*: Vom Krieg in Frankreich verödete Gebiete werden besiedelt, Neuland durch Rodung und Bewässerung in Deutschland gewonnen. Einführung der Dreifelderwirtschaft; neue Techniken (Pflug aus Eisen). Ansiedlungen im Osten bis ins 14. Jahrhundert

13./14. *Jahrhundert*: Städte entwickeln sich zu wirtschaftlichen und politisch selbstständigen Zentren.

1347–1352: Die Pestwelle aus Zentralasien kostet ca. 33 Prozent der europäischen Bevölkerung das Leben.

Ab ca. 1350: Kleine Eiszeit

MATERIAL

2 Einwohnerzahlen der jeweils 20 größten europäischen Städte (in Tausend)

Das Wachstum der Städte erfolgte seit dem Spätmittelalter und der Frühen Neuzeit nicht durch eine besondere Fruchtbarkeit der Städter, also durch zahlreiche Geburten. Innerhalb der Stadtmauern übersteigt vielmehr die Zahl der Sterbenden die der neu Geborenen bei Weitem. Die höhere Mortalität erklärt sich durch die periodisch wiederkehrenden Seuchen und Epidemien. Der Bevölkerungsanstieg in den Städten ist auf die beträchtliche Zuwanderung aus dem Umland zurückzuführen.

1500		1600		1700	
Neapel	150	Neapel	281	London	575
Mailand	100	Paris	220	Paris	510
Paris	100	London	200	Neapel	216
Venedig	100	Venedig	139	Amsterdam	200
Florenz	70	Mailand	120	Lissabon	165
Granada	70	Palermo	105	Rom	138
Genua	60	Rom	105	Venedig	138
Bologna	55	Lissabon	100	Mailand	124
Palermo	55	Sevilla	90	Wien	114
Rom	55	Genua	71	Madrid	110
Lyon	50	Florenz	70	Palermo	100
Brescia	49	Granada	69	Lyon	97
Köln	45	Amsterdam	65	Sevilla	96
Gent	40	Valencia	65	Brüssel	80
London	40	Bologna	63	Genua	80
Rouen	40	Rouen	60	Marseille	75
Valencia	40	Brüssel	50	Florenz	72
Verona	38	Danzig	50	Antwerpen	70
Nürnberg	36	Messina	50	Hamburg	70
Brüssel	35	Wien	50	Kopenhagen	70

nach: Bea Lundt: Europas Aufbruch in die Neuzeit 1500–1800. Eine Kultur- und Mentalitätsgeschichte. Darmstadt 2009, S. 43

MATERIAL

3 Vermögensverhältnisse in Augsburg 1475–1526

	Vermögen						
	Gesamtzahl der Steuerzahler	*Besitzlose*		*bis zu 3 000 Gulden*		*über 3 000 Gulden*	
Jahr		*Zahl*	*Prozent*	*Zahl*	*Prozent*	*Zahl*	*Prozent*
1475	4 485	2 958	65,9	1 449	32,2	78	1,9
1498	5 351	2 331	43,6	2 449	53,2	171	3,2
1512	5 480	2 476	45,2	2 773	50,6	230	4,2
1526	6 097	3 749	54,1	3 016	41,6	271	4,3

nach: Heinrich Lutz: Das Ringen um deutsche Einheit und kirchliche Erneuerung. Berlin (Propyläen) 1983, S. 60

MATERIAL 4

Preise für Gewürze durch den Fernhandel zu Anfang des 16. Jh. (in Gramm Silber)

	Indien	*Antwerpen*	*Österreich*
Ingwer	0,9	22,1	28,1
Zimt	2,6	38,5	61,5
Gewürznelken	3,5	47,0	68,2

nach: Heinrich Lutz: Das Ringen um deutsche Einheit und kirchliche Erneuerung. Berlin (Propyläen) 1983, S. 69

MATERIAL 5

Macht Stadtluft frei? Städtische Hierarchien

Der Historiker Richard van Dülmen erläutert die soziale Zusammensetzung in der frühneuzeitlichen Stadt (1982):

Das europäische Bürgertum der frühen Neuzeit stellt entsprechend der städtischen Entwicklung der ländlich-bäuerlichen Bevölkerung gegenüber eine zahlenmäßig kleinere Gesellschaftsschicht dar, wobei es in Holland und in Italien allerdings von entschieden größerer Bedeutung war als in Spanien oder Polen. Seine geringere Zahl stand aber in umgekehrtem Verhältnis zu seiner (gesellschaftlichen) Rolle in Handel und Gewerbe, in der entstehenden Verwaltung des frühmodernen Staates sowie in den frühneuzeitlichen Kulturinstitutionen. In dem Maße, wie diese Institutionen an gesellschaftlichen Funktionen zunahmen, wurde auch das Bürgertum quantitativ stärker, bis es schließlich im 19. Jahrhundert zur dominanten Gesellschaftsschicht wurde. Noch aber formierte sich das Bürgertum erst zu einer Klasse in der frühmodernen Ständegesellschaft.
Das Bürgertum lässt sich nach Lebensweise, städtischer Umwelt und Arbeit eindeutig vom Adel und Bauerntum unterscheiden. Aber so sehr es etwas Eigenständiges in der frühneuzeitlichen Ständegesellschaft darstellte, bildete es noch alles andere als einen geschlossenen Stand, geschweige eine einheitliche, von gleichen sozialpolitischen Interessen getragene Klasse. Die Unterschiede des Bürgertums der verschiedenen Länder Europas waren beträchtlich – außerdem waren die Übergänge von Patriziern zum Adel oder vom ländlichen Bauern zum Ackerbürger gleitend. [...]
Wenn in der frühen Neuzeit der Aufstieg der frühmodernen Bourgeoisie bzw. die Anfänge eines kapitalistischen Bürgertums konstatiert werden, dessen gesamtgesellschaftlicher Anspruch erstmals im niederländischen Aufstand wie in der englischen Revolution deutlich wurde, muss über die genannte Differenzierung hinaus ein strenger Unterschied gemacht werden zwischen dem ständischen bzw. Stadtbürgertum und einer sich mit der Ausweitung des Marktes formierenden bürgerlichen Klasse, die über Handel, Bildung oder Verwaltung aus der ständisch gebundenen Welt herausbrach, ohne politisch revolutionär zu sein. Der Aufstieg des Kapitalismus war nicht unmittelbar verbunden mit dem Aufstieg des Bürgertums, sondern nur mit Teilen der sich aus ihm herausbildenden Bourgeoisie. Das altständische Bürgertum in Deutschland, das bürgerliche Beamtentum in Frankreich und die entstehende Bourgeoisie in England trennten Welten.

Das Stadtbürgertum der frühen Neuzeit war entsprechend der mittelalterlichen Tradition, in der es weitgehend noch stand, stark differenziert. Seine Sozialstruktur entsprach weitgehend der Gliederung innerhalb der bäuerlichen, aber auch der adligen Gesellschaft. Vollbürger war nur einer, der als Hausbesitzer über das Bürgerrecht verfügte, so dass die Gesamtzahl aller Stadteinwohner viel größer war als die eigentliche Bürgerschaft. Das Bürgertum gliederte sich im Großen und Ganzen in drei Schichten, wobei neben Beruf und Vermögen gleicherweise Herkunft und Amt eine Rolle spielten. Über die soziale Stellung entschieden letzten Endes auch hier nicht Leistung und Reichtum, sondern Geburt und Privileg. Führungspositionen sowohl in politischer, wirtschaftlicher wie sozialer Hinsicht nahm das Patriziat ein, es bildete weitgehend eine adelsgleiche Oligarchie aus Mitgliedern der alten Ratsgeschlechter. Ursprünglich aktiv in Handel und Gewerbe aufgestiegen, begann es zu Ende des 16. Jahrhunderts im Maße seines ökonomischen Rückzugs und der Vermögensanlage in Land- und Hauskauf sich sozial abzuschließen und dem Ideal adlig-patrizischer Repräsentation zu leben. Sein monopolisierter Herrschaftsanspruch war seit dem Spätmittelalter nicht unangefochten, doch im Zuge der herrschaftlich unterstützten Verfestigung der Ständegesellschaft konnte es seine Führungsposition behaupten. [...]

Unmittelbar unter dem Patriziat, ihm in der Macht zum Teil jedoch eng verbunden, stand die Kaufmannschaft. Je nach Größe der Stadt repräsentierte sie das eigentliche dynamische Element der Stadtgesellschaft, hier herrschte am stärksten und längsten das Prinzip des ökonomischen Erfolges. Dementsprechend litt der Kaufmann, wenn er von der Herrschaft ausgeschlossen war, unter der Inflexibilität der patrizischen Politik bzw. der sozialen Diskriminierung und suchte sein erworbenes Vermögen in den Dienst seines sozialen und politischen Aufstiegs zu stellen. Gleichzeitig schloss sich auch die Kaufmannschaft wiederum nach unten ab, wenn sie in ihrem sozialen oder politischen Prestige gefährdet war. Insofern richtete sich der Handwerkerprotest in den frühneuzeitlichen Städten häufig nicht nur gegen das Patriziat, das sich immer mehr als Obrigkeit ausgab, sondern auch gegen die Kaufleute, die sich oft mit den Handwerksmeistern verbanden, sofern diese über große Betriebe oder einflussreiche Ämter verfügten.

Zahlenmäßig die größte Schicht des Stadtbürgertums bildeten die Handwerker, die einfachen bzw. gemeinen Bürger, die zusammen mit den Krämern, städtischen Beamten und Stadtgelehrten das „mittlere" Bürgertum darstellten. Sie waren in einer Vielzahl von Zünften organisiert. Jede Zunft stellte eine Lebensgemeinschaft von jeweils unterschiedlicher sozialer Stellung dar. Prestige und Gewinnchancen korrespondierten nicht immer. Die Zünfte waren streng bedacht auf ihre Monopolrechte, die Sicherung ihrer Produktion sowie ihre Absatzmöglichkeit. Sie garantierten zwar die Lebenssicherung des einzelnen Handwerkers, hemmten aber insofern die ökonomische Entwicklung mancher Stadt, als sie sich oft gegen Neuerungen vor allem technischer Art stellten, um jede Bedrohung ihrer Existenz durch die Konkurrenz unzünftischen Gewerbes abzuwehren. Wie das Patriziat sich zur Sicherung seiner Machtstellung zu Ende des 16. Jahrhunderts zusehends abschloss, suchten ihrerseits auch die Zünfte ihre Produktion zu monopolisieren, was nicht immer hieß, dass sie tatsächlich das aufsteigende außerzünftische Gewerbe unterdrücken konnten, da gerade die großen Städte sich einer engstirnigen Zunftpolitik wirksam entgegenstellten.

Auf die neuen Bedürfnisse konnte das traditionelle Handwerk nur durch Differenzierung seiner Tätigkeit reagieren. Zu Anfang des 17. Jahrhunderts gab es in zahlreichen Städten mehr als 120 Handwerker. Schwerwiegend bei der Abschließung der Zünfte waren die schwindenden Aufstiegschancen für Gesellen, die sich oft in Gesellenvereinigungen organisierten und nach 1600 zu einem sozialen Problem mancher Städte wurden. Der Konflikt zwischen Meistern und Gesellen schwelte konstant. [...]

Jede europäische Stadt besaß nicht nur eine breite Handwerkerschicht, sondern auch eine sich konstant vermehrende Unterschicht, die weitgehend vom Bürgerrecht ausgeschlossen war und wegen ihrer Armut keine oder nur geringe Steuern zahlte. Diese Gruppe, die bis zu 30 bis 40 % der Stadtbevölkerung ausmachte, lebte am Rande des Existenzminimums bzw. wurde vom Überschuss der städtischen Wirtschaft ernährt. Zu ihr zählten verarmte Handwerker, Kleinhändler, Tagelöhner, Altgesellen, Lohnarbeiter; sie war oft kaum zu unterscheiden von Bettlern, Vagabunden und fahrendem Volk, die ebenso zum Bild einer frühneuzeitlichen Stadtgesellschaft gehörten wie das reiche Patriziat.

Richard van Dülmen: Entstehung des frühneuzeitlichen Europa 1550–1648. Frankfurt/M (Fischer Weltgeschichte) 1982, S. 118–122

MATERIAL 6

Wirtschaftliche Voraussetzungen für die Renaissance?

So gut wie nichts bleibt von der älteren Auffassung, dass sich in der Renaissance zukunftsweisende ökonomische Innovationen hin zu kapitalistischen Produktions- und Vermarktungsmethoden vollziehen, die dann im Zeichen der von Spanien und dem Papsttum erzwungenen „Gegenreformation" ab 1560 wieder einer auf Grundrentenbezug und adeligen Lebensstil fixierten Mentalität weichen müssen. Stattdessen tritt immer deutlicher hervor, dass die revolutionären Neuerungen in Handel, Bankwesen und Textilproduktion überwiegend in eine viel ältere Zeit, ins 12. und 13. Jahrhundert, zurückreichen. [...]
Überblickt man die Forschung der letzten Jahrzehnte, speziell einer die Grenzen zwischen Kunst-, Ideen- und Geistesgeschichte zugunsten einer ganzheitlichen Kulturgeschichte auflösenden Betrachtungsweise, so zeichnen sich Umrisse eines neuen Bildes der Renaissance in Italien ab. In dieser Perspektive stellt sich der Zeitraum von etwa 1430 bis 1560 als durch zahlreiche Kontinuitätslinien an Traditionen rückgebundene, in mancher Hinsicht konservative, in anderen Sektoren aber auch entschieden innovative, somit exemplarisch kontrastreiche Einleitungs- und Ausbildungsperiode der Neuzeit dar – als ein Zeitraum somit, in dem Italien in wesentlichen Bereichen Modernisierungsprozesse vorwegnimmt, die das übrige Europa vom Beginn des 16. Jahrhunderts bis ins Zeitalter Ludwigs XIV. hinein nachvollzieht und weiter ausbildet.
Diese gewissermaßen vorgezogenen zukunftsweisenden Entwicklungen Italiens in der Renaissance bestehen vor allem in der immer intensiveren Nutzung von Propaganda und „Medien". Dabei setzen Herrscher und Eliten Italiens nicht nur auf das werbewirksam geschriebene Wort, sondern in steigendem Maße auf die Überredungsmacht von Bildern, Statuen und Bauten. Parallel dazu entwickelt sich der vorher rudimentär angelegte Hof zu einer prunkvoll ausgestatteten Bühne, auf welcher der Herrscher in einer immer exklusiveren Umgebung Prestige nach innen und außen zu gewinnen und zugleich seine einheimische Führungsschicht im Blickfeld bzw. unter Kontrolle zu behalten versucht. Die sich damit im Lebensstil der höfischen Gesellschaft vollziehenden Wandlungen, neue Normen des Schönen und des Anstands, aber auch veränderte ästhetische Leitbilder und ihre Umsetzung in Ideen und Kunstwerken, sind also unmittelbar mit Neuformierungen und Neusortierungen an der Spitze von Staat und Gesellschaft verknüpft – und nur im Zusammenhang mit ihnen zu erfassen.

Volker Reinhardt, Die Renaissance in Italien. Geschichte und Kultur, München (Beck) 2007, S. 12 ff.

1. Beschreiben Sie die Bevölkerungsentwicklung in Europa. Stellen Sie anhand von M 1 Faktoren zusammen, die die Bevölkerungsentwicklung bestimmen.
2. Die Städte entwickelten sich in verschiedenen europäischen Regionen sehr unterschiedlich. Welche regionalen Verlagerungen sind erkennbar (M 2)?
3. Welche Rückschlüsse über die Vermögensverteilung in Städten erlaubt M 3? Leiten Sie daraus Hypothesen über die Machtstrukturen in Städten ab.
4. Fernhändler benötigten gute Informationen über die regionalen Marktverhältnisse. Entwickeln Sie Hypothesen, wie sie ihre Gewinne erwirtschafteten. (M 4)
5. Stellen Sie zusammen, aus welchen Gruppierungen sich die Einwohnerschaft von Städten zusammensetzte und welche Rolle diese spielten (M 5).
6. Fassen Sie die Überlegungen von Reinhardt thesenartig zusammen (M 6). Worin sieht er die innovative Leistung der italienischen Eliten und welchen Zusammenhang sieht er zwischen Renaissance und Frühkapitalismus?

2.1 Sonderfall Italien – Neue Herrschaftsstrukturen

Die Verbrennung des Savonarola 1498, ital. Schule

Das Bild zeigt die Piazza della Signoria in Florenz mit Loggia dei Lanzi und Palazzo Vecchio. Ganz links erkennt man die Kuppel von Bruneleschi.

MATERIAL

1 Die Signorie: Geschichte und Gestalt

Monarchien und städtische Gemeinwesen gibt es überall in Europa, Signorien nur in Italien. Und zwar, formaljuristisch betrachtet, ab 1264. In diesem Jahr nämlich überträgt die Kommune Ferrara in einer feierlich inszenierten Volksversammlung Obizzo II. d'Este die unumschränkte Herrschaft über die Stadt. Die Zeremonie sollte unter Beweis stellen, dass die Einsetzung des Stadtherrn aus dem ureigenen Willen der Bürger heraus geschah. Auch wenn ein solches „Parlament" vom langen Arm des neuen Machthabers arrangiert und insofern alles andere als freiwillig war, ist der dahinter stehende legitimatorische Gestus ernst zu nehmen. Er bezeichnet, wie erwähnt, die Verwandlung der Stadtrepublik in eine adäquatere, da Frieden gewährleistende Form, verpflichtet den Herrscher aber gerade dadurch zur Bewahrung von Geist und Zweck der Kommune. So ist es nur konsequent, dass die alten kommunalen Strukturen unter der Signorie fortleben, allerdings auf kleiner Flamme, d. h. auf administrative Routineaufgaben beschränkt. Doch ist die Rückgewinnung ihrer vollen Kompetenzen nicht ausgeschlossen. Zum Beispiel, wenn sich der signore desavouiert hat oder die regierende Dynastie ausgestorben ist. Signorien werden auch dann keine ‚normalen' fürstlichen Herrschaften, wenn wie im Falle der Gonzaga in Mantua oder der Visconti in Mailand vom Reich Marchese- oder Herzogtitel erworben werden. Zudem sind sie stärker als andere politische Systeme an ihren Ursprungsort gebunden. [...]

Vom Zentrum zur Peripherie ist somit in allen Signorien ein Machtgefälle nachweisbar. Am schwächsten ist die Stellung des Herrschers in Städten, die ihre politische Eigenständigkeit mehr oder weniger nominell zugunsten eines fremden, nicht in ihr residierenden signore aufgeben. Eine solche – de facto meist zeitlich befristete – Lösung bot für im Inneren chronisch zerstrittene Städte wie Lucca in der ersten Hälfte des 14. Jahrhunderts handfeste Vorteile: Selbst durch einen Statthalter ausgeübt, reichte die Autorität eines Visconti in Mailand in der Regel aus, um die Selbstzerfleischung der konkurrierenden Netzwerke zu stoppen. Auf der anderen Seite war diese Macht indirekt genug, um dem Luccheser Patriziat das zu sichern, was ihm am meisten am Herzen lag: weitreichende lokale Autonomie und die Hoheit über den contado, das ländliche Herrschaftsgebiet. Auf dieses war jede italienische Stadt von einiger Bedeutung seit dem 11. und 12. Jahrhundert essentiell angewiesen: zur politischen Selbstbehauptung, aus elementaren Versorgungszwängen sowie als Einnahme- und Prestigequelle der Oberschicht.
Übergangs- und Grauzonen der Signorie treten noch in anderer Hinsicht auf. Nicht immer nämlich wird die plena potestas, die volle Macht inklusive der Kompetenz, die Statuten, also das Grundgesetz der Kommune, nach Belieben zu ändern, mit so unmißverständlicher Eindeutigkeit an den signore abgetreten wie in Ferrara oder in Mantua. [...]
Dauerhafte, im eigentlichen Wortsinn dynastische Herrschaftsbildung dürfte vor und während der Renaissance unter ganz bestimmten Voraussetzungen am besten gelingen. [...] Der künftige signore kommt aus dem Schoß der Kommune, genauer: seine Familie entstammt fast immer der bereits in der Kommune etablierten Führungsschicht – seltener (wie die Della Scala in Verona ab 1277) einer jüngeren, aufgerückten Kaufmannselite, sondern in der Mehrzahl der Fälle der regionalen ländlichen Aristokratie.
Selbst die Etappen auf dem Weg zur Herrschaft lassen sich idealtypisch sortieren. In einem ersten Abschnitt des langen Marsches zur Signorie gerät der Adelsclan mit seinen Burgen im näheren oder ferneren Umkreis der Metropole in deren Sog und Bann; er muss Vereinbarungen unterschreiben, die ihn in der Regel zu einer festen Aufenthaltszeit in der Stadt und zur Abtretung wesentlicher Herrschaftsrechte an die Kommune verpflichten.
Was wie ein Sieg der städtischen Zivilisation über unruhige Raubritter aussieht, wird zur Einholung eines Trojanischen Pferdes. Trotz aller Verstädterung nämlich verlieren die scheinbar domestizierten Familien keineswegs ihre ländlichen Wurzeln und noch viel weniger ihre kriegerische Mentalität. Dementsprechend steigen sie in der Kommune – Etappe zwei – schnell zur Führung einer lokalen „Partei", d. h. eines Netzwerkes und Interessenverbandes, auf, eliminieren drittens die rivalisierende, oft von einem älteren städtischen Clan dominierte Gruppierung, wonach dann viertens mehr oder weniger bald danach die Formalisierung der Signorie zugunsten der siegreichen Sippe erfolgt. [...]
Natürlich waren auch die signori der Renaissance keine Herrscher mit Samthandschuhen. Die spektakulären Mordgeschichten aber finden zum einen vorwiegend in informellen und damit stärker der Bestreitung ausgesetzten Signorien wie im Perugia der Baglioni und im Bologna der Bentivoglio statt. Gewalt innerhalb der regierenden Sippe bricht zum anderen meist bei der Erbfolge und über die Frage aus, wie nachgeborene Söhne zu versorgen sind. [...]
Und trotzdem: Verglichen mit dem Gewaltpotential in der „feudalen" Welt Frankreichs, Englands oder Burgunds im 15. Jahrhundert, sind solide etablierte Signorien im Normalfall geradezu als befriedete Refugien gesitteter Geselligkeit anzusprechen.

Es kann auch nicht anders sein, denn seinem Auftrag und Selbstverständnis gemäß ist der signore an die Mission der Friedensstiftung gebunden. Konkret bedeutet das ausnahmslos: Er hat die Interessen der örtlichen Oberschicht zu wahren und zu mehren, zwischen ihren rivalisierenden Ausschnitten Ausgleich zu stiften und sie vor dem Druck nachrückender Sekundäreliten und unruhiger Unterschichten zu schützen. Erfüllen er und seine Nachkommen diese Aufgaben einigermaßen zufriedenstellend, so genießt die Dynastie einen wachsenden Vertrauenskredit und kann sich auch einzelne Fehlschläge erlauben, ohne dass jedoch das angesammelte soziale Kapital unerschöpflich wäre. Wird dieses langfristig nicht vergeudet, sondern gemehrt wie im Falle der Gonzaga in Mantua und der Este in Ferrara, dann gewinnt der signore weitere Freiräume und wird, nicht zuletzt durch konzentrierten Einsatz von Propagandamedien, geradezu zum Symbol städtischer Größe und Unabhängigkeit.

Aber auch von unten ist der signore starkem Erwartungsdruck ausgesetzt. Billiges Brot gegen inneren Frieden, so lautet die Parole der einfachen Leute. Will er seine Herrschaft auf Dauer stabilisieren, hat der Herrscher dieser kategorisch vorgetragenen Forderung soweit wie mit den beschränkten ökonomischen Mitteln der Zeit möglich entgegenzukommen, meist auf Kosten des flachen Landes, dem die dort erzeugten Lebensmittel im Krisenfall schnurstracks entzogen werden. Solche paternalistischen Bindungen zwischen den Untertanen und einem sich zum fürsorglichen Vater der Armen stilisierenden signore bilden geradezu einen Basispakt der Signorie, der ostentativ erfüllt werden muss.

Volker Reinhardt: Die Renaissance in Italien. Geschichte und Kultur. München (C. H. Beck Wissen) 2007, S. 44–49 (Auszüge).

MATERIAL

2 Federigo da Montefeltro als Stifter, 1465

Piero della Francesca, Altarbild von Montefeltro, 1465 (Pinacoteca di Brera, Mailand)

MATERIAL

Ein Musterbeispiel für eine Signorie? Federigo da Montefeltro von Urbino 3

Der Renaissance-Historiker Jacob Burckhardt über Federigo da Montefeltro:

Urbino besaß in dem großen Federigo (1444 bis 1482), mocht er nun ein echter Montefeltro sein oder nicht, einen der vortrefflichsten Repräsentanten des Fürstentums. Als Condottiere hatte er die politische Moralität der Condottieren, woran sie nur zur Hälfte schuld sind; als Fürst seines kleinen Landes befolgte er die Politik, seinen auswärts gewonnenen Sold im Lande zu verzehren und dasselbe möglichst wenig zu besteuern. Von ihm und seinen beiden Nachfolgern Guidobaldo und Francesco Maria heißt es: „Sie errichteten Gebäude, beförderten den Anbau des Landes, lebten an Ort und Stelle und besoldeten eine Menge Leute; das Volk liebte sie". Aber nicht nur der Staat war ein wohl berechnetes und organisiertes Kunstwerk, sondern auch der Hof, und zwar in jedem Sinne. Federigo unterhielt 500 Köpfe; die Hofchargen waren so vollständig wie kaum an den Höfen der größten Monarchen, aber es wurde nichts vergeudet, alles hatte seinen Zweck und seine genaue Kontrolle. Hier wurde nicht gespielt, gelästert und geprahlt, denn der Hof musste zugleich eine militärische Erziehungsanstalt für die Söhne anderer großer Herren darstellen, deren Bildung eine Ehrensache für den Herzog war. Der Palast, den er sich baute, war nicht der prächtigste, aber klassisch durch die Vollkommenheit seiner Anlage; dort sammelte er seinen größten Schatz, die berühmte Bibliothek. Da er sich in einem Lande, wo jeder von ihm Vorteil oder Verdienst zog und niemand bettelte, vollkommen sicher fühlte, so ging er beständig unbewaffnet und fast unbegleitet; keiner konnte ihm das nachmachen, dass er in offenen Gärten wandelte, in offenem Saale sein frugales Mahl hielt, während aus Livius (zur Fastenzeit aus Andachtsschriften) vorgelesen wurde. An demselben Nachmittag hörte er eine Vorlesung aus dem Gebiet des Altertums und ging dann in das Kloster der Clarissen, um mit der Oberin am Sprachgitter von heiligen Dingen zu reden. Abends leitete er gerne die Leibesübungen der jungen Leute seines Hofes auf der Wiese bei S. Francesco mit der herrlichen Aussicht, und sah genau zu, dass sie sich bei den Fang- und Laufspielen vollkommen bewegen lernten. Sein Streben ging beständig auf die höchste Leutseligkeit und Zugänglichkeit; er besuchte die, welche für ihn arbeiteten, in der Werkstatt, gab beständig Audienzen und erledigte die Anliegen der einzelnen womöglich am gleichen Tage. Kein Wunder, dass die Leute, wenn er durch die Straßen ging, niederknieten und sagten: Dio ti mantenga, Signore![1] Die Denkenden aber nannten ihn das Licht Italiens. – Sein Sohn Guidobaldo, bei hohen Eigenschaften von Krankheit und Unglück aller Art verfolgt, hat doch zuletzt (1508) seinen Staat in sichere Hände, an seinen Neffen Francesco Maria, zugleich Nepoten des Papstes Julius II., übergeben können, und dieser wiederum das Land wenigstens vor dauernder Fremdherrschaft geborgen.

[1] Gott erhalte dich, Herr.

Jacob Burckhardt: Die Kultur der Renaissance in Italien. Stuttgart 1987, S. 71–73

Piero della Francesca, Ideale Renaissance-Stadt: Urbino, Palazzo ducale

Palazzo Ducale (Herzogshof) in Urbino

MATERIAL

4 Neue Wirtschaftsformen: Öffentliche Banken und Aktiengesellschaften

a) Die Masse der Bevölkerung lebte buchstäblich von der Hand in den Mund und konnte kaum Ersparnisse anlegen, einen Großteil des Einkommens (70–80%) wurde nur für Lebensmittel aufgewendet. Anders lagen die Verhältnisse bei städtischen Mittel- und Oberschichten, sie konnten sich edlere Speisen, feinere Kleidung und auch Luxusgüter wie orientalische Gewürze oder Schmuck leisten. Diese sozialen Gruppen bildeten nur einen kleinen Teil der städtischen Gesellschaft. Seit dem Hochmittelalter setzte sich allmählich die Geldwirtschaft durch, zunächst in den oberitalienischen Handelsstädten. Da regional sehr unterschiedlich Münzen mit unterschiedlichem Wert hergestellt wurden, wurden nun Geldwechsler nötig; parallel dazu entwickelte sich der bargeldlose Zahlungsverkehr mit Wechseln. Das ersparte Händlern die Mitnahme von größeren Geldbeträgen bei ihren Geschäftsreisen. Banken entstanden, bei denen Händler Konten unterhielten und bei entsprechendem Vertrauensvorschuss Zahlungsaufschub oder Darlehen bekamen.

In der Frühen Neuzeit entwickelten sich auch Börsen, auf denen mit Waren oder Währungen gehandelt wurde, die man aber gar nicht bei sich führen musste. Daraus entwickelte sich auch der Wertpapierhandel bzw. der Handel mit Geschäftsanteilen, also Aktien. Dadurch konnten Handelshäuser Anteile an ihrem Betrieb verkaufen und damit ihr Geschäftskapital für Investitionen oder künftige Geschäfte erhöhen. Die gewaltigen, „globalen" Unternehmungen der holländischen oder später englischen Fernhandelsgesellschaften wie etwa die 1602 gegründete V. O. C. (Vereenigde Oost-Indische Compagnie) wären ohne diese Praktiken unrealisierbar gewesen.

Autorentext

b) Der Historiker Richard van Dülmen zum Bankwesen der Frühen Neuzeit:

Zur Abwicklung eines bargeldlosen Zahlungsverkehrs, [...] wurden anstelle der internationalen Messen mit ihrer zeitlich begrenzten Handelstätigkeit die Börsen errichtet (Antwerpen 1531, London 1571, Sevilla 1583, Amsterdam 1611), an denen erstmals ständiger Handel stattfinden konnte. Die Amsterdamer Börse schien Zeitgenossen eine kleine Welt zu sein, in der alle Teile der großen vereinigt waren. Außerdem entstanden öffentlich privilegierte Banken, in denen Kaufleute ihre Geldwerte sicher deponieren und kurzfristig abrufen konnten. Dies belebte die Handelsaktivitäten, Sicherheit verband sich mit großen Gewinnchancen.

Private Banken bestanden seit langem, sie gaben vor allem Kredite an Privatpersonen und Staaten; neu und entscheidend wurden für den Fernhandel aber die öffentlichen Banken, so in Italien der venezianische Banco della Piazza di Rialto 1584/7 – spanische Vorbilder wirkten hier nach –, dem der Banco di San Ambrogio 1593 in Mailand und der Banco del Spiritu Santo 1605 in Rom folgten. Diese Banken nahmen Einlagen an und zahlten sie aus, sie führten Konten und nahmen Wechselbriefe an. Vorbildlich für den gesamteuropäischen Handel und Markt wurde schließlich die Gründung der in ihrem Aufgabenbereich der Rialto-Bank ähnlichen Amsterdamer Wisselbank 1609. Sie galt als sicherer Einlageort für das Betriebskapital der Geschäftsleute und leistete kostenlose Verrechnung für Kredithilfe. [...] Die neuen „öffentlichen" Banken kamen so sehr den Bedürfnissen der Kaufleute entgegen, dass bald eine Bankgründung der anderen folgte: Hamburg 1619, Nürnberg 1621, Rotterdam 1635, Stockholm 1655. Parallel zur Entwicklung des Bank- und Kreditwesens, das den Fernhandel in neue regulierbare Bahnen leitete, entstand mit den neuen Handelsgesellschaften ein vielschichtiger spekulationsträchtiger Aktienmarkt, dem ebenfalls die Amsterdamer Börse entscheidende Impulse gab. Die älteren Familienunternehmer (Fugger) hatten für ihren Handel weitgehend eigenes Kapital verwendet. Mit den Kapitalgesellschaften entstanden erstmals, wenn auch bescheidene, Aktiengesellschaften mit über tragbaren Aktien.

Richard van Dülmen: Entstehung des frühneuzeitlichen Europa 1550–1648. Frankfurt (Fischer Weltgeschichte Bd. 24) 1982, S. 80f.

1. Stellen Sie spezifische Merkmale von Signorien zusammen (M 1). Erläutern Sie die These, dass ihre Entstehung wenig mit dem Frühkapitalismus zusammenhängt. Stellen Sie zusammen, welche anderen Faktoren mitgewirkt haben könnten.
2. Informieren Sie sich über die politischen und sozialen Ziele von Savonarola und über sein Scheitern in Florenz.
3. Wie sicherte Condottiere Federigo da Montefeltro sich und seinem Geschlecht seinen Nachruhm? Interpretieren Sie dazu das Bild in M 2. Welche Traditionen benutzt es?
4. Informieren Sie sich, auf welche Weise Federigo seine Reichtümer erworben hat und seine Herrschaft festigte. (M 3)
5. Vergleichen Sie die Darstellung Urbinos als Idealstadt der Renaissance von Piero della Francesca mit dem Foto auf S. 26. Stellen Sie Unterschiede heraus und suchen Sie nach möglichen Gründen für die ideale Stadtdarstellung.
6. Untersuchen Sie die Praktiken zur Kapitalbildung für größere ökonomische Projekte (M 4). Stellen Sie Elemente zusammen, die Sie für modern halten und begründen Sie Ihre Ansicht.

3.0 Frischer Wind aus Italien

„Eine Lust zu leben"

„O Jahrhundert! O Wissenschaften! Es ist eine Lust zu leben, wenn man auch noch nicht ausruhen darf, Willibald. Die Studien blühen auf, die Geister regen sich. He du, Barbarei, nimm einen Strick und erwarte deine Verbannung!", schreibt Ulrich von Hutten seinem Freund Pirckheimer am 25. Oktober 1518, und weiter: Je mehr Menschen sich mit der antiken Kultur befassen würden, desto mehr könne sich die menschliche Gesellschaft verbessern, das Leben würde für alle bequemer, schöner und gerechter werden, ein „goldenes Zeitalter" sei im Anzug. Als Voraussetzung hierzu müssten die „studia humanitatis" (also Grammatik, Rhetorik, Geschichte, Poesie und Moralphilosophie) stärker verbreitet und um die antiken Kultursprachen Griechisch und Latein ergänzt werden, forderten die gebildeten Humanisten. Dadurch ließen sich die bitter notwendigen Reformen in Gesellschaft, Kirche und Staat gleichsam von alleine durchsetzen. Die humanistische Bildungsreform würde in eine umfassende Gesellschaftsreform münden.

Geistige Freiheit aus Italien

Im Jahr 1489 reist der 19-jährige Nürnberger Willibald Pirckheimer zum Studium nach Italien. Er ist fasziniert von der intellektuellen Frische, die hier herrscht, von dem heiteren Leben, er genießt die geistige Freiheit und ist erstaunt, welch hohes Ansehen gebildete Frauen genießen. Als ihn sein Vater sechs Jahre später nach Nürnberg zurückruft, folgt Willibald nur schweren Herzens. Seine Schwestern und später auch seine Töchter erhalten jedenfalls eine hohe humanistische Ausbildung. Caritas Pirckheimers kluge Briefe, verfasst in hochgestochenem Latein, erregen weithin Aufmerksamkeit. Sie korrespondiert mit zahlreichen Geistesgrößen ihrer Zeit, mit Konrad Celtis, Dürer, Reuchlin, Melanchthon, ja sogar mit Erasmus von Rotterdam.

Schreibverbot für Intelektuelle

Der schriftstellerische Ehrgeiz der Caritas, die schon 1503, 36-jährig, zur Äbtissin ihres Klosters gewählt wird, ist ihren Ordensoberen suspekt. Ihr Bruder erzürnt sich darüber. Das sei eine „Schufterei" von diesen „Heuchlern", schreibt er an Celtis, „auch musst du wissen, dass diese Xylopoden (Holzköpfe, wörtl. Holzfüßler) meiner Schwester Caritas ... untersagt haben, künftig auf lateinisch zu schreiben. Da sieht man die Unbedachtheit, um nicht zu sagen die Schlechtigkeit der Menschen." Caritas fügt sich. Zwar liest sie auch weiterhin lateinische Texte der Antike, schreibt aber nicht mehr in der Sprache der Hochgebildeten.

Geprägt wurde der Begriff „Renaissance" erst im 19. Jahrhundert (vgl. Kap. 1, S. 5 f.). Der italienische Humanist und Dichter Francesco Petrarca (1304–1374) war unter den Zeitgenossen der Erste, der den Unterschied seiner Zeit zu der vorangegangenen mit dem Bild von Licht und Schatten beschrieb: Einer „dunklen Zeit" stellte Petrarca seine erleuchtete Epoche gegenüber, in der der Mensch durch das Studium der antiken Werke seine Würde und Qualifikationen wiederentdecke.

Es wäre allerdings verfehlt, Renaissance und Humanismus gleichzusetzen. Während die Renaissance zu einem weithin anerkannten Epochenbegriff geworden ist, gilt dies nicht für den Begriff Humanismus. Die Humanisten waren eine kleine Bildungselite, die neue Maßstäbe gesetzt hat. Die allermeisten Renaissancemenschen konnten sich aber nicht dazuzählen.

Welche Vorstellung vom Menschen, welches Lebensgefühl und Weltbild entfaltete sich in der Epoche der Renaissance? Welche Rolle spielte dabei die Wiederaneignung antiker Wissenschaften, Künste und Literatur, und welche Folgen hatte dies für die naturwissenschaftliche Forschung, aber auch für die seit der Renaissance einsetzende Hexenverfolgung? Wo bleibt uns diese Epoche fremd? Wo finden wir uns in ihr wieder?

Francesco Petrarca in einer Darstellung von 1450, die ihn in zeitgenössischer Gelehrtentracht zeigt.

3.1 Zwischen Magie und Vernunft: die Renaissance

Humanismus und Aberglauben

Die Renaissance muss als „Übergangsepoche" verstanden werden. Rückblickend erschließen sich uns dort die Wurzeln eines neuen Denkens, das dem modernen Menschen vertraut ist. In der Summe überwog aber bei Weitem „mittelalterliches" Denken. Zwar kritisierte man vermehrt Tradition und überkommene Missstände, auf der anderen Seite war damit aber ein im gegenwärtigen Verständnis „rationales" Denken und naturwissenschaftliches Forschen nur ansatzweise verbunden. Die allermeisten Naturwissenschaftler der Renaissance waren fasziniert von okkulten, esoterischen Schriften aus den ersten nachchristlichen Jahrhunderten.

Metaphysik

Die dominierende philosophische Richtung, die neoplatonische Metaphysik, war geprägt von Magie und Astrologie. Pico della Mirandola (1463–1494) lud im Jahr 1486 alle Gelehrten Europas nach Rom ein, um diesen seine Thesen vorzutragen. Eine lautete: „Was der Magier technisch bewirkt, vollbringt die Natur natürlich, indem sie den Menschen hervorbringt", eine andere: „Weder im Himmel noch auf Erden gibt es eine Kraft, die der Magier nicht vereinigen oder aktualisieren könne." Und: Habe man nur lange genug die Bewegungen und die Natur der Sterne studiert, dann könne man in aller Klarheit der Zukunft ins Auge sehen.

Selbst die bedeutendsten Gelehrten wie Kopernikus, Galilei oder Kepler fühlten sich astrologischen Spekulationen verpflichtet und erstellten Horoskope, während Petrarca und wenige andere vor betrügerischen Astrologen und lügnerischen Propheten warnten. Für die allermeisten Gelehrten der Renaissance stand der menschliche Mikrokosmos in einer symmetrischen Beziehung zum Universum, die kleine Welt war durch eine Fülle geheimnisvoller und unendlicher Fesseln mit „dem Ganzen" verbunden. Die klare Trennung zwischen Astrologie und Astronomie wurde erst in späteren Jahrhunderten vollzogen.

MATERIAL
1 Einige zentrale Daten zur Renaissance

a) Entdeckungen und Erfindungen

1330 Erfindung des Schießpulvers in Europa
1348 In Prag wird die erste deutsche Universität gegründet.
1389 Erste deutsche Papiermühle bei Nürnberg
1408 Erste Girobank in Genua
1445 Cosimo I. gründet die Platonische Akademie in Florenz.
1445 Johannes Gutenberg erfindet den Buchdruck.
1492 Kolumbus unternimmt seine Fahrt nach Indien.
1510 Der Nürnberger Peter Henlein erfindet die tragbare Uhr.
1522 Das letzte Schiff der Expedition des Portugiesen Fernando Magellan vollendet nach dreijähriger Fahrt die erste Weltumseglung.
1543 In seinem Todesjahr publiziert der Bischof und Astronom Nikolaus Kopernikus seine Entdeckungen, die das heliozentrische Weltbild begründen.

Taschenuhr von Peter Henlein, 1510.

b) Einige Geistesgrößen der Renaissance:

Giovanni Boccaccio	1313–1375	Niccolò Machiavelli	1469–1527
Jean Bodin	1530–1596	Lorenzo de Medici	1449–1492
Sebastian Brant	1458–1521	Philipp Melanchthon	1497–1560
Konrad Celtis	1459–1508	Michelangelo Buonarotti	1475–1564
Albrecht Dürer	1471–1528	Olimpia Fulvia Morata	1526–1556
Erasmus von Rotterdam	ca. 1469–1536	Thomas Morus	1478–1535
Cassandra Fedele	1465–1558	Isotta Nogarola	1418–1466
Marsilio Ficino	1433–1499	Paracelsus	1493/94–1541
Galileo Galilei	1564–1642	Francesco Petrarca	1304–1374
Cecilia Gonzaga	1425–1451	Konrad Peutinger	1465–1547
Ulrich von Hutten	1488–1523	Caritas Pirckheimer	1467–1532
Johannes Kepler	1571–1630	Willibald Pirckheimer	1470–1530
Nikolaus Kopernikus	1473–1543	Johannes Reuchlin	1455–1522
Leonardo da Vinci	1452–1519	Lorenzo Valla	1407–1457

MATERIAL

Mikrokosmos und Makrokosmos 2

Agrippa von Nettesheim (1486–1535) hieß eigentlich Heinrich Cornelis. Durch sein Eintreten für die Beschuldigten bei Hexereiprozessen und seine Kritik an Intoleranz und Tyrannei von kirchlichen Würdenträgern geriet er in einen gefährlichen Konflikt mit der Kirche. Hier erörtert Agrippa vermeintliche Analogien zwischen allen Teilen des Kosmos.

Es ist sehr schwierig, zu erkennen, welche Dinge diesem oder jenem Gestirne oder Himmelszeichen zugehören. Man erkennt sie jedoch daran, dass sie die Strahlen oder die Bewegung oder die Figur der Himmelskörper nachahmen. Einige entsprechen auch gewissen Sternen durch ihre Farbe und ihren Geruch, andere durch ihre Wirkungen. Unter den Elementen sind solarisch das Feuer und die lichte Flamme; unter den Säften das reine Blut und der Lebensgeist; unter den Geschmäcken der scharfe mit Süßigkeit vermischte; unter den Metallen wegen seines Glanzes das Gold, dem die Sonne eine herzstärkende Eigenschaft verleiht; unter den Steinen solche, welche durch goldene Punkte die Sonnenstrahlen nachahmen, wie der Adlerstein, der solche Punkte hat und eine Kraft gegen die fallende Sucht und gegen Gifte besitzt. Der Stein, welcher Sonnenauge heißt und die Figur einer Augenpupille hat, aus deren Mitte ein Strahl hervorschimmert, stärkt das Gehirn und Gesicht. [...] Der Chrysolith, von zarter und lichter, grüner Farbe, worin, wenn man ihn gegen die Sonne hält, ein goldener Stern schimmert, stärkt die Respirationsorgane und ist den an Engbrüstigkeit Leidenden von Nutzen. [...] Dem Monde zugehörig (lunarisch) sind unter den Elementen die Erde, sodann das Wasser, sowohl das Meer- als das Flusswasser, und alles Feuchte, die Säfte der Bäume und der Tiere, hauptsächlich die weißen, als Eiweiß, Fett, Schweiß, Schleim und andere Flüssigkeiten der Körper. Von den Geschmäcken gehören dem Monde an der salzige und unschmackhafte. Unter den Metallen ist lunarisch das Silber, unter den Steinen der Kristall, der silberfarbene Markasit und alle weißen und grünen Steine, desgleichen der Selenit oder Mondstein, welcher von honiggelbem Glanze, weißlich durchscheinend ist und nicht nur die Gestalt des Mondes, sondern auch sein tägliches Zu- oder Abnehmen darstellt. Dem Monde gehören auch die Perlen an, die aus Wassertropfen in den Muscheln erzeugt werden, ebenso der Kristall und Beryll. Unter den Pflanzen und Bäumen sind lunarisch das Selenotropium, das sich nach dem Monde wendet, wie die Sonnenwende nach der Sonne; die Palme, welche alle Monate neue Zweige ansetzt.

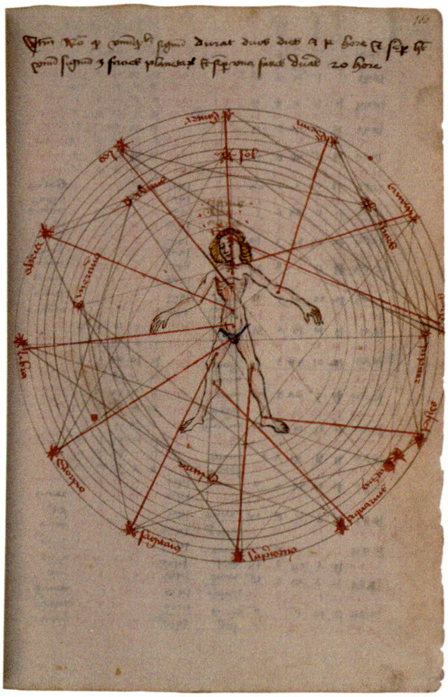

Entsprechung zwischen Mikrokosmos und Makrokosmos in einer Buchillustration des 15. Jahrhunderts. Im äußersten Kreis sind die Tierkreiszeichen abgetragen, auf den inneren Kreisen die Planeten, einschließlich der Sonne (Sol, oben). Die Linien zeigen die – vorgestellten – Entsprechungen zum menschlichen Körper.

H. C. Agrippa von Nettesheim: De occulta philosophia libri tres, Antwerpen 1531, dt. Ausgabe: Geheime Philosophie oder Magie, in: H. C. Agrippa von Nettesheim: Magische Werke sammt den geheimnißvollen Schriften des Petrus von Abano, Pictorius von Villingen, Stuttgart 1855–1856, Nachdruck Meisenheim a. Glan (Hain) 1975, Bd. 1, S. 133 f., 139 ff.

MATERIAL
3 Berühmt und umstritten: Pico della Mirandola

Giovanni Pico della Mirandola (1463–1494) wurde in Florenz als Sohn einer adeligen Familie geboren. Bereits im Alter von 14 Jahren begann er mit dem Studium des kanonischen Rechtes in Bologna, aber bald wandte sich der ökonomisch unabhängige Pico der Philosophie zu (Studium in Ferrara und Padua). Hier setzte er sich mit der jüdischen und arabischen Tradition auseinander. Er besaß eine riesige Privatbibliothek, darunter auch viele hebräische Werke. 1484 ging Pico nach Florenz, dem damaligen Zentrum des humanistischen Geisteslebens, wo er, gefördert durch die Medici-Familie, eine „Platonische Akademie" leitete, die die platonischen Dialoge und hermetische Schriften[1] der Spätantike übersetzte. Der junge Forscher beherrschte neben dem Lateinischen und Griechischen auch noch Hebräisch, Aramäisch und Arabisch. Pico suchte nach einer Synthese zwischen Plato, Aristoteles und dem Christentum, nach einer Harmonisierung von altorientalischen, jüdischen und islamischen Geistestraditionen. Auf diese Weise wollte Pico die innersten Geheimnisse der Welt ergründen.

1486 publizierte er 900 Thesen zu theologischen und philosophischen Fragen. Die Einleitung zu diesem gewaltigen Thesenkatalog, die „Oratio" seiner „de dignitate hominis" wurde zu einem der berühmtesten Texte der philosophischen Kultur des italienischen Humanismus. Alle europäischen Gelehrten sollten zu einer Diskussion der Thesen nach Rom kommen. Sogar die Reisekosten sollten ihnen erstattet werden.

Doch dazu kam es nicht, denn Picos Gegner hatten 13 der 900 Thesen unter dem Vorwand der Glaubenstreue beim Papst als ketzerisch denunziert. Die von Papst Innozenz VIII. eingesetzte Untersuchungskommission verurteilte 7 dieser 13 Thesen als ketzerisch, die übrigen 6 für verdächtig. Als Pico sich dagegen zur Wehr setzte, verwarf der Papst alle 900 Thesen, auch diejenigen, die Pico von dem berühmten Kirchenlehrer Thomas von Aquin übernommen hatte.

Pico floh daraufhin nach Frankreich, dort wurde er von päpstlichen Agenten verhaftet und eingekerkert. Allerdings weigerten sich die Theologen der Pariser Sorbonne, dem Wunsch des Papstes nachzukommen und Pico wegen Ketzerei zu verurteilen. Auch Lorenzo de Medici setzte sich für ihn ein, so dass Pico nach Florenz zurückkehren konnte. Der neue Papst Alexander VI. sprach ihn frei. In der Folge war der Gelehrte zunehmend fasziniert von dem Prediger Savonarola, der in Florenz gegen die weltlich orientierte und prachtliebende Herrschaft der Medici agitierte und einen religiösen Gottesstaat errichten wollte. Pico bekämpfte in einer für die damalige Zeit ungewöhnlich scharfen Weise die Astrologie. Er lehnte die Vorstellung ab, dass das menschliche Schicksal von den Gestirnen abhängt. Pico übernahm vom Humanismus die Hochschätzung sprachlicher und literarischer Quellen. Er glaubte an die Einheit aller Offenbarungen, an eine allen Weisen zugängliche Philosophie, die nicht nur zu einer Umgestaltung der religiösen Landschaft Europas, sondern der ganzen Welt führen würde.

[1] Hermetische Schriften: Spätantike Texte, die religiöse Offenbarungen und Geheimlehren enthalten.

Autorentext

MATERIAL
4 Giovanni Pico della Mirandola: Über die Würde des Menschen

Bereits hatte Gott-Vater, der höchste Baumeister, dieses irdische Haus der Gottheit, das wir jetzt sehen [...], nach den Gesetzen einer verborgenen Weisheit errichtet. Das überirdische Gefilde hatte er mit Geistern geschmückt [...]. Die materiellen und fruchtbaren Teile der unteren Welt hatte er mit einer bunten Schar von Tieren angefüllt. Aber als er dieses Werk vollendet hatte, da wünschte der Baumeister, es möge jemand da sein, der die Vernunft eines so hohen Werkes nachdenklich erwäge, seine Schönheit liebe, seine Größe bewundere. Deswegen dachte er, nachdem bereits alle Dinge fertiggestellt waren, [...] zuletzt an die Schöpfung des Menschen [...]. Aber unter den vielen Ruheplätzen des Weltkreises war kein einziger mehr vorhanden, auf dem jener Betrachter des Universums hätte Platz nehmen können. Alles war bereits voll, alles unter die höchsten, mittleren und untersten Ordnungen der Wesen verteilt […]. Daher beschloss denn der höchste Künstler, dass derjenige, dem etwas Eigenes nicht mehr gegeben werden konnte, das als Gemeinbesitz haben sollte, was den Einzelwesen ein Eigenbesitz gewesen war. Daher ließ sich Gott den Menschen gefallen als ein Geschöpf, das kein deutlich unterscheidbares Bild besitzt, stellte ihn in die Mitte der Welt und sprach zu ihm: „Wir haben dir keinen bestimmten Wohnsitz, noch ein eigenes Gesicht, noch irgendeine besondere Gabe verliehen, o Adam, damit du jeden beliebigen Wohnsitz, jedes beliebige Gesicht und alle Gaben, die du dir sicher wünschst, auch nach deinem Willen und nach deiner eigenen Meinung haben und besitzen magst. Den übrigen Wesen ist ihre Natur durch die von uns vorgeschriebenen Gesetze bestimmt und wird dadurch in Schranken gehalten. Du bist durch keinerlei unüberwindliche Schranken gehemmt, du sollst nach deinem eigenen freien Willen, in dessen Hand ich dein Geschick gelegt habe, sogar deine Natur dir selbst vorbestimmen. Ich habe dich in die Mitte der Welt gesetzt, damit du von dort bequem um dich schaust, was es alles in dieser Welt gibt. Wir haben dich weder als einen Himmlischen noch als einen Irdischen, weder als einen Sterblichen noch einen Unsterblichen geschaffen, damit du als dein eigener, vollkommen frei und ehrenhalber schaltender Bildhauer und Dichter dir selbst die Form bestimmst, in der du zu leben wünschst. Es steht dir frei, in die Unterwelt des Viehes zu entarten. Es steht dir ebenso frei, in die höhere Welt des Göttlichen dich durch den Entschluss deines eigenen Geistes zu erheben. Müssen wir darin nicht zugleich die höchste Freigebigkeit Gott-Vaters und das höchste Glück des Menschen bewundern? Des Menschen, dem es gegeben ist, das zu haben, was er wünscht, und das zu sein, was er will. Denn die Tiere, sobald sie geboren werden, tragen vom Mutterleibe an das mit sich, was sie später besitzen werden. […]. Die höchsten Geister aber sind von Anfang an oder bald darauf das gewesen, was sie in alle Ewigkeiten sein werden. In den Menschen aber hat der Vater gleich bei seiner Geburt die Samen aller Möglichkeiten und die Lebenskeime jeder Art hineingelegt. Welche er selbst davon pflegen wird, diejenigen werden heranwachsen und werden in ihm ihre Früchte bringen. Wenn er nur die des Wachsens pflegt, wird er nicht mehr denn eine Pflanze sein. Pflegt er nur die sinnlichen Keime, wird er gleich dem Tiere stumpf werden. Bei der Pflege der rationalen wird er als ein himmlisches Wesen hervorgehen.

Pico della Mirandola (1463–1494).

Pico della Mirandola: Über die Würde des Menschen. Hrsg. von H.W. Rüssel, Amsterdam (Pantheon) 1940, S. 48 f.

1. Informieren Sie sich über Leben und Werk einzelner Repräsentanten der Renaissance und des Humanismus (Kurzreferate, M 1).
2. Vergleichen Sie den Lebenslauf des Pico della Mirandola mit denen anderer Geistesgrößen jener Zeit. (M 3) Inwiefern ist er typisch?
3. Erläutern Sie die Zusammenhänge von Mikrokosmos und Makrokosmos in M 2.
4. Legen Sie dar, worin nach Pico della Mirandola die „Würde des Menschen" besteht. (M 4) Inwiefern ist Pico ein „revolutionärer Denker"?

Schule von Athen. Raffael und seine Werkstatt schufen das Wandgemälde im Papstpalast (Vatikan) zwischen 1509 und 1512. Zentral oberhalb der Treppe sind die griechischen Philosophen Platon (links) und Aristoteles (rechts) zu sehen. Um sie herum sind weitere bedeutende Denker der griechischen Antike gruppiert, so unten links Pythagoras, rechts davon, auf die Truhe gestützt, Heraklit.

3.2 Ein neues Bildungsideal und Menschenbild

Weltoffene Gelehrte

Auf den ersten Blick scheinen die Humanisten reine „Büchermenschen" gewesen zu sein, die sich in alte Texte vergruben. Betrachtet man indes die Biografien einzelner Humanisten näher, wird man aufregende, ja sogar dramatische Lebensläufe finden, geprägt nicht nur durch Schul- und Universitätsausbildung, sondern auch durch zahlreiche Reisen quer durch Europa und durch intensive internationale Kontakte. Manche Humanisten wurden verfolgt, viele mussten um ihr Leben bangen. „Diesseitsorientierung" zeigten sie im Leben wie im Umgang mit der gelehrten Tradition.

Neue Fragen an alte Texte

„Heidnische" Texte wurden auch in früheren Epochen gelesen. Was veranlasste die Humanisten zu ihrem Studium antiker Schriften? Was war ihr besonderes Interesse, welche spezifischen Absichten verfolgten sie damit? Die mittelalterlichen Scholastiker hatten zumeist versucht, die christlichen Glaubensaussagen und -wahrheiten mithilfe der Philosophie abzusichern und Widersprüche zu bereinigen, um auf diese Weise der Autorität der kirchlichen Überlieferung zu dienen. Den diesseitsbezogenen Humanisten dagegen ging es primär um die in den alten Texten verborgenen Werthaltungen und Menschenbilder.

Damit rückte auch ein philologisches Interesse in den Mittelpunkt, denn viele Texte der Antike waren (und sind) unvollständig und durch zahlreiche Abschriften verändert. Um ihren ursprünglichen Gehalt zu rekonstruieren, mussten textkritische Verfahren (etwa der Vergleich von Überlieferungsvarianten) entwickelt und angewandt werden. Die vor allem in Klosterbibliotheken gesammelten und kopierten Texte galt es neu zu lesen. Ein günstiger Umstand kam hinzu: Als 1453 Konstantinopel von den Osmanen unter Mehmet II. erobert wurde, kamen viele byzantinische Gelehrte nach

Italien bzw. nach Westeuropa. Sie vermittelten dabei ihren westeuropäischen Kollegen weitere bislang unbekannte oder verschollen geglaubte Texte aus der Antike.

Je besser das Latein, desto besser der Mensch?

Verachtet wurde nun das im Mittelalter angeblich degenerierte „Küchenlatein". Dieser Begriff stammt von dem Humanisten Lorenzo Valla, der seinem berühmten Zeitgenossen Poggio Bracciolini vorwarf, er habe sein Latein von einem Koch gelernt: Wie dieser Töpfe zerbreche, zerschlage er das grammatikalisch richtige Latein. Wie man in den antiken Texten die Zeugnisse einer besseren Sprache zu finden glaubte, meinte man dort auch Zeugnisse eines „reineren", freieren, diesseitsbezogenen Menschentums zu identifizieren, das sich um das griechische Ideal von Maß und Mitte bemüht hatte und das nicht unbedingt in einem Gegensatz zu christlichen Glaubenshaltungen stehen musste. Die Humanisten verspotteten und bekämpften daher nicht selten die primär jenseitsorientierte mittelalterliche kirchliche Dogmatik und Scholastik.

MATERIAL 1

Die menschliche Seele ist das Größte von allem

Francesco Petrarca (1304–1374) berichtet von seiner Besteigung des Mont Ventoux in Südfrankreich (1336):

Den höchsten Berg dieser Gegend, den man nicht zu Unrecht Ventosus, „den Windigen", nennt, habe ich am heutigen Tag bestiegen, allein vom Drang beseelt, diesen außergewöhnlich hohen Ort zu sehen. Viele Jahre lang hatte mir diese Besteigung im Sinn gelegen; seit meiner Kindheit habe ich mich nämlich, wie Du weißt, in der hiesigen Gegend aufgehalten, wie eben das Schicksal mit dem Leben der Menschen sein wechselvolles Spiel treibt. Dieser Berg aber, der von allen Seiten weithin sichtbar ist, steht mir fast immer vor Augen. [...]
Der Berg ist von allen der höchste; die Waldbewohner nennen ihn „Söhnlein" [...]. Auf seinem Gipfel ist ein kleines Plateau. Dort erst setzten wir uns erschöpft zum Ausruhen nieder.
Und da Du ja gehört hast, welche Sorgen ins Herz des Aufsteigenden aufgestiegen sind, so höre, Vater, auch den Rest, und verwende bitte eine von Deinen Stunden dafür, nachzulesen, was ich an einem meiner Lebenstage getan habe.
Zuerst stand ich, durch den ungewohnten Hauch der Luft und die ganz freie Rundsicht bewegt, einem Betäubten gleich da. Ich schaute zurück nach unten: Wolken lagen zu meinen Füßen, und schon wurden mir der Athos und der Olymp weniger sagenhaft, wenn ich schon das, was ich über sie gehört und gelesen, auf einem Berg von geringerem Ruf zu sehen bekomme.
Ich wende dann meine Blicke in Richtung Italien, wohin mein Herz sich stärker hingezogen fühlt. Die Alpen selber, eisstarrend und schneebedeckt [...], sie zeigten sich mir ganz nah, obwohl sie weit entfernt sind. Ich seufzte, ich gestehe es, nach italischer Luft, die mehr dem Geist als den Augen sich darbot, und ein unwiderstehliches, brennendes Verlangen erfasste mich, sowohl Freund als Vaterland wiederzusehen. [...]
Der Grenzwall der gallischen Lande und Spaniens, der Kamm der Pyrenäen, ist von dort nicht zu sehen, nicht weil, soviel ich weiß, irgendein Hindernis dazwischenträte, nein, allein infolge der Schwäche der menschlichen Sehkraft. Die Berge der Provinz von Lyon hingegen zur Rechten, zur Linken sogar der Golf von Marseille und der, der an Aigues-Mortes brandet, waren ganz deutlich zu sehen, obwohl dies alles einige Tagereisen entfernt ist. Die Rhone lag geradezu unter meinen Augen. Während ich dies eins ums andre bestaunte und bald an Irdischem Geschmack fand, bald nach dem Beispiel des Körpers die Seele zu Höherem erhob, kam ich auf den Gedanken, in das Buch der Bekenntnisse des Augustinus hineinzuschauen, eine Gabe, die ich Deiner Wertschätzung verdanke. Ich bewahre es auf zur Erinnerung an den Verfasser wie an den Geber und habe es stets zur Hand: ein faustgroßes Werklein, von winzigstem Format, aber voll unendlicher Süße. Ich öffne es, um zu lesen, was mir gerade vor die Augen treten würde; was denn könnte mir wohl vor die Augen treten außer

Frommem und Gottergebenem? Zufällig aber bot sich mir das zehnte Buch dieses Werkes dar. Mein Bruder stand voller Erwartung, durch meinen Mund etwas von Augustinus zu hören, mit gespitzten Ohren da. Gott rufe ich zum Zeugen an und ihn eben, der dabei war, dass an der Stelle, auf die ich zuerst die Augen heftete, geschrieben stand: Und es gehen die Menschen hin, zu bewundern die Höhen der Berge und die gewaltigen Fluten des Meeres und das Fließen der breitesten Ströme und des Ozeans Umlauf und die Kreisbahnen der Gestirne – und verlassen dabei sich selbst.

Ich war betäubt, ich gestehe es, und ich bat den Bruder, der darauf brannte, weiter zu hören, er solle nicht in mich dringen, schloss das Buch, zornig auf mich selber, dass ich jetzt noch Irdisches bewunderte, ich, der ich schon längst selbst von den Philosophen der Heiden hätte lernen müssen, dass nichts bewundernswert ist außer der Seele: Im Vergleich zu ihrer Größe ist nichts groß.

Francesco Petrarca: Die Besteigung des Mont Ventoux. Übersetzt und herausgegeben von Kurt Steinmann, Stuttgart (Reclam) 1995, S. 5 ff.

MATERIAL

2 Was sollte ein junger Mann heutzutage erlernen?

In François Rabelais' Roman „Gargantua und Pantagruel" (1532) *schreibt Gargantua an seinen in Paris studierenden Sohn Pantagruel:*

[Es] wird dir nützlich und heilsam sein, wenn du dich daran erinnerst, dass ich nichts an dir gespart, wohl aber alles, was in meinen Kräften stand, für dich getan habe, als hätte ich kein anderes begehrenswertes Gut auf Erden als das eine, noch mit meinen sterblichen Augen dich vollkommen und tüchtig in jeder Tugend, in Redlichkeit, Biederkeit und in allem nützlichen und ehrbaren Wissen zu sehen und dich nach meinem Tode zurückzulassen als einen Spiegel, der meine, Deines Vaters, Persönlichkeit widerstrahlen wird, ein Bild, nicht so rein vielleicht, wie ich wohl wünschte, aber doch voll eifrigen Strebens, es zu werden.

Obgleich mein Vater Grandgousier gesegneten Andenkens keine Mühe und Kosten scheute, damit ich mich ausbilden und mir alle zum Leben nötigen Kenntnisse zu Eigen machen könnte, auch mein Fleiß und mein Eifer seinen Wünschen entsprachen, ja wohl noch darüber hinausgingen, so war doch die damalige Zeit, wie du leicht begreifen wirst, den Wissenschaften noch nicht so günstig wie die gegenwärtige, und ich hatte nicht eine so große Anzahl von Lehrern, wie du gehabt hast. Damals lag noch alles in der Finsternis und litt an der Unfruchtbarkeit und Barbarei der Goten, welche alle gute Literatur vernichtet hatten. Aber durch göttliche Gnade wurden während meiner Lebenszeit der Wissenschaft Licht und Würde zurückgegeben, und sie nahm einen solchen Aufschwung, dass ich, der ich als junger Mann nicht mit Unrecht für einen der Gelehrtesten meiner Zeit galt, jetzt kaum in die erste Klasse der Abc-Schüler aufgenommen werden würde. [...]

Jetzt sind alle Lehrfächer wieder eingeführt, die Sprachen neu belebt: Griechisch, ohne welches heutzutage niemand auf den Namen eines Gelehrten Anspruch erheben kann, Hebräisch, Chaldäisch und Lateinisch. Schöne, einwandfreie Drucke sind überall im Gebrauch, deren Herstellung erst zu meiner Zeit durch göttliche Eingebung erfunden wurde wie umgekehrt die Feuerwaffen durch satanische. Überall findet man eine Menge gelehrter, hoch studierter Professoren, reiche Bibliotheken, und meiner Meinung nach hat es weder zu Platons noch zu Ciceros, noch Papinians[1] Zeiten solche Gelegenheit gegeben, etwas Tüchtiges zu lernen, wie jetzt. Bald wird niemand in irgendeiner Gesellschaft mehr am Platze sein, der sich nicht in Minervas[2] Werkstatt geübt hat; Räuber, Henker, Abenteurer und Stallknechte sind heutzutage gelehrter als die Doktoren und Prediger meiner Zeit.

Ja, was soll ich sagen? Frauen selbst und Mädchen streben nach dem Ruhm und himmlischen Manna der Gelehrsamkeit. So habe auch ich mich trotz meines Alters gemüßigt gesehen, noch Griechisch zu lernen, was ich bis dahin nicht etwa wie Cato verachtet hatte, aber wozu mir in meiner Jugend die Gelegenheit nicht geboten wurde. [...]

Deinen Stil im Griechischen bilde nach Platon, im Lateinischen nach Cicero. Die Historie musst du unbedingt vollständig im Gedächtnis haben, wozu dir die Kosmographien derer, die darüber geschrieben, von Nutzen sein werden. Für die Freien Künste, für Geometrie, Arithmetik und Musik habe ich dir bereits Geschmack beigebracht, als du noch ein kleiner Bube von sechs Jahren warst. Setze das nun weiter fort und erlerne die Astronomie in all ihren Gesetzen. Aber um die wahrsagerische Astrologie und um die Kunst des Lullius[3], welche nichts als Irrwahn und Torheit ist, bekümmere dich nicht. Vom Zivilrecht will ich, dass du die trefflichen Texte auswendig wissest und sie philosophisch zu analysieren verstehst. Es ist mein Wunsch, dass du dich mit den Dingen der Natur eingehend beschäftigst, so dass es kein Meer, keinen Fluss, kein Bächlein gebe, von dem du die Fische nicht kenntest. Kein Vogel der Luft, kein Baum oder Strauch, keine Staude, kein Kraut des Feldes, kein Metall im Schoß der Erde, kein Edelstein des Morgen- oder Mittaglandes darf dir unbekannt bleiben.

Sorgfältig durchforsche die Schriften der griechischen, arabischen und lateinischen Ärzte und vernachlässige auch nicht die Talmudisten und Kabbalisten[4]. Durch häufige Übungen in der Anatomie erwirb dir eine umfassende Kenntnis der kleinen Welt, Mensch genannt. Jeden Tag verwende einige Stunden darauf, die Heilige Schrift zu studieren, zuerst in griechischer Sprache das Neue Testament und die apostolischen Briefe, dann in hebräischer Sprache das Alte Testament. In summa, mache dich zu einem Abgrund des Wissens; denn bist du erst älter und ein Mann geworden, so ist es mit dem ruhigen und friedlichen Studium für dich vorbei, und du musst dann das Ritterwesen und das Waffenhandwerk erlernen, damit du mein Haus verteidigen und unseren Freunden in ihren Kämpfen gegen die Angriffe Übelgesinnter beistehen kannst. Und um es kurz zu sagen, ich will, dass du auch zeigest, was du gelernt hast, welches nicht besser geschieht, als wenn Du öffentlich mit und gegen jedermann disputierst und mit den gelehrten Leuten sowohl in Paris als an anderen Orten lebhaften Verkehr unterhältst. [...] Und wenn du zu der Einsicht gekommen sein wirst, dass du alles gelernt hast, was du dort lernen konntest, so kehre heim zu mir, damit mein Auge dich noch einmal sehe und ich dir meinen Segen gebe, bevor ich sterbe.

Albrecht Dürer, Hieronymus im Gehäuse, 1514.
Der Stich zeigt eine Gelehrtenstube im 16. Jh. Attribute wie Stundenglas und Schädel verweisen auf die Sterblichkeit. Der Löwe verweist auf die Legende, Hieronymus habe einem Löwen einen Dorn aus der Tatze gezogen, der seither sein Haustier gewesen sei.

dein Vater Gargantua

[1] Papinian: Publius Papinius Statius (ca. 40–96), römischer Dichter
[2] Minerva: römische Göttin des Handwerks, der Weisheit und der Künste
[3] Lullius: Raymundus Lullius (1233–1316), umstrittener Theologe und Philosoph, der sich intensiv mit nichtchristlichen Religionen und Kulturen befasste.
[4] Talmud: heilige Schrift der Juden; Kabbala: jüdische Geheimlehre und Mystik

François Rabelais: Gargantua und Pantagruel. Hrsg. von Horst und Edith Heintze, Frankfurt a. M. (Insel Verlag) 1974, Bd. 1, S. 216–220

MATERIAL

3 Der Humanist Willibald Pirckheimer – eine biografische Skizze

Pir(c)kheimer, Willibald, bedeutender deutscher Humanist der Reformationszeit, geb. 5. 12. 1470 in Eichstätt, gest. 22. 12. 1530 in Nürnberg, letzter männlicher Nachfahre der seit 1359 in Nürnberg ansässigen Patrizierfamilie Pirckheimer. Die Pirckheimer besaßen im 14. und Anfang des 15. Jahrhunderts eines der größten Handelshäuser Europas, das aber 1492 endgültig in Konkurs ging. Sie widmeten sich als eine der ersten Familien in Deutschland humanistischer Bildung. Ihre Mitglieder gehörten zu den gelehrtesten Juristen und Diplomaten im Reich. Bereits P.s Vorfahren brachten eine bedeutende Bibliothek zusammen, die P. ausbaute [...]

Bei P.s Geburt war sein Vater bischöflicher Sekretär in Eichstätt. 1478–1488 lebte Johann Pirckheimer als Rat der Herzöge Albrecht IV. von Bayern und Sigmund von Tirol in München und Innsbruck. In dieser Zeit erhielt P. von seinem Vater Privatunterricht und begleitete ihn nach Tirol, Italien und in die Schweiz. 1488 erhielt P. eine ritterliche Ausbildung am Hof des Eichstätter Fürstbischofs Wilhelm II. von Reichenau. Danach studierte P. Jura 1489–1492 in Padua, 1492–1495 in Pavia, wobei er auch humanistische Studien betrieb. [...] Aus Italien zurückgekehrt, heiratete P. 1495 die Patriziertochter Crescentia Rieter. Aus der Ehe gingen fünf Töchter hervor. 1496 wurde P. in den Nürnberger Rat gewählt. Er wird Junger Bürgermeister (Geschäftsführer) und Protokollführer im Kleinen Rat, der Stadtregierung, sowie Viertelhauptmann. P. knüpfte erste Kontakte zu Nürnberger Humanisten. 1496 gründete der Rat eine Poetenschule, die P. überwachte, 1509 aber wegen antihumanistischer Widerstände aufgelöst wurde. Im Sommer 1499 befehligte P. als Feldhauptmann ein Nürnberger Truppenkontingent im Krieg Kaiser Maximilians I. gegen die Schweizer Eidgenossen. P. beschrieb den Feldzug später in seinem Buch De Bello Helvetico.

[...]. P. konzentrierte sich auf seine antiken Studien und veröffentlichte lateinische Übersetzungen griechischer Klassiker. [...] 1504 starb P.s Frau. P. heiratete nicht mehr, bekam aber 1522 einen unehelichen Sohn Sebastian von Barbara Grätz. 1505 kehrte P. als einer der acht Alten Genannten in den Rat zurück und war als Viertelsmeister für den Stadtteil am Rathaus verantwortlich. 1505–1519 unternahm P. zahlreiche Gesandtschaftsreisen, darunter zu Reichstagen und zum Kaiser nach Augsburg, Linz und Innsbruck. 1506 ernannte ihn Maximilian I. zum Kaiserlichen Rat. [...] P. bemühte sich um eine humanistische Reform der Nürnberger Lateinschulen. 1512–1519 half er als Texter seinem engen Freund Albrecht Dürer bei der Arbeit an den Holzschnittwerken „Ehrenpforte“ und „Triumphzug“ für Maximilian I. 1515 begann P. seinen Briefwechsel mit Erasmus von Rotterdam, der sich zu einer engen Freundschaft entwickelte, wie P. auch zu anderen Humanisten enge Beziehungen unterhielt. In Nürnberg wurde P. zum Haupt eines Humanistenkreises, förderte Gelehrte und Künstler. In der Kontroverse zwischen Johannes Pfefferkorn und dem Humanisten Johannes Reuchlin verteidigte P. Reuchlin 1517 in den Epistola apologetica. P. sympathisierte wie andere Humanisten anfangs mit Martin Luther, der 1518 Gast im Hause P.s war. 1520 publizierte P. unter Pseudonym die gegen Luthers Gegner Johann Eck gerichtete Satire „Eckius dedolatus“. P. wurde daraufhin vom Papst zusammen mit Luther und dessen Anhängern gebannt. P. bestritt seine Verfasserschaft, 1521 wurde er vom Bann wieder gelöst. [...]

A. Dürer, *Willibald Pirckheimer*, 1524

Klaus-Stefan Krieger: Artikel „Pirckheimer“, in: Biographisch-Bibliographisches Kirchenlexikon, Herzberg (Verlag Traugott Bautz), Bd. VII (1994), Spalte 628–633.

MATERIAL 4

Rabelais über eine ideale Gemeinschaft, die „Abtei von Thelema“

Wie die Lebensweise der Thelemiten geregelt war

Eine bestimmte Lebensweise war ihnen durch Gesetze, Statuten oder Regeln nicht vorgeschrieben, sie ordneten sie ganz nach ihrem Willen und Belieben: standen auf, wann sie wollten, aßen und tranken, wann sie Appetit hatten, und arbeiteten oder schliefen, je nachdem sie die Lust dazu ankam. Niemals weckte sie jemand, ebenso wenig wie jemand sie zum Essen oder Trinken oder sonstwozu nötigte. So hatte Gargantua es bestimmt. Ihre ganze Ordensregel bestand aus einem einzigen Paragraphen, der lautete:

TU, WAS DIR GEFÄLLT!

Denn freie Menschen von edler Geburt, guten Kenntnissen und in achtbarer Gesellschaft aufgewachsen, tragen von Natur einen Trieb und Stachel in sich, tugendhaft zu handeln und das Laster zu fliehen, welchen Trieb man Ehre nennt; wenn aber Gewalt und Zwang sie niederdrücken und knechten, so wird dieser freie und edle Hang zur Tugend in die Begierde verwandelt werden, das Joch der Dienstbarkeit abzuschütteln und zu zerbrechen. Denn immer treibt es uns, das Verbotene zu tun, und wir streben nach dem, was uns vorenthalten wird. Diese Freiheit feuerte sie zu löblichem Wetteifer an, nur immer das zu tun, was den anderen angenehm war. Sagte einer oder eine: Lasst uns trinken, so tranken sie alle; sagte er: Lasst uns spielen, so spielten sie alle; sagte er: Lasst uns spazieren gehen, so gingen sie alle spazieren. Wollte einer mit dem Falken jagen oder pirschen, so bestiegen die Frauen sogleich ihre schönen Zelter, an der Hand das Jagdpferd und auf der zierlich behandschuhten Faust einen Sperber oder Falken, während die Männer die anderen Vögel trugen. Alle waren so wohlerzogen, dass es nicht einen unter ihnen gab, der nicht zu lesen, zu schreiben, zu singen, einige Musikinstrumente zu spielen, fünf oder sechs Sprachen zu sprechen und darin etwas Zierliches in Prosa oder Versen aufzusetzen verstanden hätte. Nie gab es tapferere, galantere, zu Fuß und Ross gerechtere, kräftigere, feurigere, waffenfähigere Kavaliere; nie züchtigere, liebenswürdigere, weniger launenhafte, in allen Handarbeiten geübtere, zu allen Beschäftigungen, die ehrbaren und freien Frauen anstehen, geschicktere Damen als die, welche hier versammelt waren.

François Rabelais: Gargantua und Pantagruel. Hrsg. von Horst und Edith Heintze, Frankfurt a. M. (Insel Verlag) 1974, Bd. 1, S. 180f.

1. Was veranlasst Petrarca zur Besteigung des Mont Ventoux? Beschreiben Sie seine Empfindungen. Warum erschüttert ihn das Augustinus-Zitat? (M 1)
2. Analysieren Sie die Bildungs- und Erziehungsziele von Rabelais. Nehmen Sie dazu aus heutiger Sicht Stellung. (M 2)
3. Analysieren Sie die Bildelemente des Dürerstiches auf S. 37 und erläutern Sie, welche Aussagen die Zeitgenossen 1514 herauslesen konnten.
4. Humanisten waren nicht nur „Büchermenschen“ und „Stubengelehrte“. Stellen Sie zusammen, in welchen Bereichen Pirckheimer aktiv war und welche Initiativen und Ideen er verfolgte. (M 3) Vergleichen Sie den idealen Werdegang, den Rabelais vorstellt, mit demjenigen Pirckheimers.
5. Analysieren Sie das Pirckheimer-Portrait von Albrecht Dürer (S. 38). Identifizieren Sie Perspektive, mögliche Statussymbole und Darstellungsabsicht.
6. Stellen Sie zusammen, über welche Qualifikationen die Menschen in dieser Utopie (M 4) verfügen. Überlegen Sie, inwiefern Rabelais damit auch Kritik an seiner Zeit übt.

A. Dürer, Selbstbildnis im Pelzrock (Alte Pinakothek München)

Auffällig ist die selbstbewusste, weltzugewandte Pose des mittlerweile sehr erfolgreichen Albrecht Dürer, der sich nicht mehr als Handwerker versteht, sondern sich selbst genialen Dichtern und Philosophen zuordnet. Der Künstler deutet sich selbst ganz im humanistischen Sinne als „Nachschöpfer“ im Sinne Gottes. Bemerkenswert sind die exakten mathematischen Proportionen, versuchten doch die Humanisten die Schöpfung als mathematische Ordnung zu erfassen.

Portraitmalerei der Renaissance

Als eine der großen Leistungen der Renaissance gilt die „Entdeckung der Individualität“. Damit ist untrennbar die Emanzipation der Künstlerpersönlichkeit verbunden. Viele Künstler fühlten sich als Schöpfer einer neuen Zeit, einer neuen Epoche, die das Alte überwunden habe. Tatsächlich hat die Renaissance die Individualität nicht erfunden, sowohl in der Antike als auch im Mittelalter gab es individualisierende Darstellungen, neu ist vielmehr deren hoher Stellenwert im Bewusstsein der Maler und Bildhauer, die sich auch nicht mehr so sehr als „Handwerker“ und als „Gottesdiener“ verstanden, sondern als Künstler oder gar als „Genies“.

Dieser Wandel des künstlerischen Selbstverständnisses ging einher mit einem ähnlichen Wandel bei der Kundschaft. Nicht mehr nur Kirchen und Fürsten gaben Aufträge heraus, mit gottgefäl-

Piero della Francesca, Herzog von Urbino und seine Gattin Battista Sforza, 1465–66 (Uffizien, Florenz). Der Blick auf den Herzog verschleiert, dass dieser bei einem Unfall das rechte Auge verlor, allerdings wird die durch einen Bruch entstellte Nase realistisch wiedergegeben.

ligen Werken die Kirchen auszugestalten, sondern es waren neben Adligen auch zunehmend wohlhabende Bürger, die Geld dafür ausgaben, sich selbst und ihre Umgebung repräsentativ darstellen zu lassen. Nicht umsonst sind die frühen Zentren der Renaissancekunst dort zu finden, wo reich gewordene Handelsherren eine zahlungskräftige Klientel stellten, so zuerst in italienischen Städten, etwas später dann auch in Flandern, Süddeutschland und anderswo.

Die „Entdeckung der Individualität", das neue Selbstverständnis und Selbstbewusstsein drückt sich am augenfälligsten in der Konjunktur der Porträtmalerei aus. Der Auftraggeber beauftragt einen Künstler für „private" Zwecke, Bestimmungsort des Bildes ist nun der eigene Palast des Adeligen oder des Bürgers. Trotz aller Stilisierungen werden das irdische menschliche Antlitz und der Körper dargestellt, nicht die göttliche Schönheit. Und während im mittelalterlichen Denken noch der Geist über den Körper herrschte und dementsprechend die konkrete körperliche Erscheinung vernachlässigt wurde, bilden nun Körper und Geist eine harmonische Einheit. Selbst die in der Antike verbreitete Aktdarstellung wird – in leicht abgemilderter Form – wieder aufgegriffen. Beflügelt und gefördert wurde dies durch die neue Bedeutung der Naturwissenschaften, der Anatomie, die eine wirklichkeitsnähere Darstellung des menschlichen oder tierischen Körpers ermöglichte, etwa das organische Zusammenspiel von Muskeln und Sehnen, die Mimik und Gestik, das Verhältnis von Licht und Schatten, daher finden sich häufig zarte Farbabstufungen. Sinnlichkeit und Emotionalität erlangen eine hohe Bedeutung. Manche Künstler (wie z. B. Hieronymus Bosch) „zerlegen" oder „zerschneiden" den menschlichen Körper in ihren Skizzen regelrecht, um Aufbau und Funktion des Organismus erfassen und akzentuieren zu können.

Hans Holbein d. J.: Der Kaufmann Georg Gisze in seinem Kontor, 1532

Georg Gisze arbeitete im Londoner Handelskontor Stalhof. Dieses berühmte Porträt verleiht der Kaufmannsschaft hohes Ansehen und Würde, es repräsentiert Sicherheit, Gediegenheit und hohe Bildung. Die verschiedenen Details sind u. a. eine venezianische Vase mit Nelken, Symbol der Liebe (Gisze war verlobt) und Rosmarin, ein anatolischer Teppich, Stempel, goldene Dosenuhr, Schreibgarnitur, Wachsrollen, Sandbüchse, Geldschatulle usw. – alles Zeichen der verschiedenen Funktionen, die Gisze ausübte, und der weitreichenden Vollmachten, über die der Kaufmann verfügte.

In der Porträtmalerei werden nun anstelle der strengen Profilansicht plastische Halbprofile bevorzugt. Der Bildhintergrund (Zentralperspektive) gewinnt eine größere Bedeutung, nicht selten wählen die Künstler einen Landschaftsausschnitt anstelle des bei mittelalterlichen Gemälden oft bevorzugten Goldgrundes oder sonstigen abstrakten Hintergrundes. Dadurch gewinnen die Bilder eine größere Raumtiefe. Die ausgewählte Landschaft soll ferner eine spezifische Stimmung vermitteln. Der quadratisch umfriedete Garten des Mittelalters wird nun geöffnet und weitet sich bis zum Horizont aus. Freilich beabsichtigen die Künstler zunächst keine naturalistische Abbildung der Landschaft, diese steht nicht im Mittelpunkt des Interesses. Die Umgebung wird vielmehr ästhetisiert, um auf diese Weise eine harmonische Einheit von Mensch und Natur herzustellen, in der das Individuum im Vordergrund steht.

Systematischer Umgang mit Portraits

1. Die „vorikonografische Beschreibung“: die genaue Erfassung des Sichtbaren, z. B. Formen, Farben, Bildaufbau, Beschreibung der Porträts, Größenverhältnisse. Wichtig sind auch Details wie z. B. Körperhaltung, die Kleidung, scheinbar zufällig abgebildete Gegenstände, die Perspektive. Welchen Bildhintergrund wählt der Künstler und in welche Beziehung wird die porträtierte Person zu diesem Hintergrund gesetzt?

Sandro Botticelli, Idealbildnis. Simonetta Vespucci, um 1482

Botticellis weibliche Phantasieporträts gelten als künstlerischer Höhepunkt poetischer Frauendarstellung. Hier wird die jung verstorbene Simonetta Vespucci aus dem Umkreis von Giuliano de' Medici nachempfunden. Vor dem schwarzen Hintergrund kommen die makellose weiße Haut, das weiße Gewand und der Schmuck besonders zur Geltung. Sie repräsentiert eine faszinierende Spannung zwischen Artifizialität und Wildheit. Sie erscheint als „gezähmtes Naturgeschöpf, als kultivierte Nymphe".

2. Die „ikonografische Analyse": Welche Bedeutung haben die einzelnen bei der vorikonografischen Beschreibung erfassten Bildelemente? Es geht dabei um eine Untersuchung etwa des realen und symbolischen Gehalts von wichtigen Bilddetails.
3. Die „ikonologische Analyse": Sie zielt auf die Erfassung und Deutung des gesamten Bildes im Kontext einer bestimmten historischen Situation, eines bestimmten historischen Prozesses. Das setzt nicht nur die Einbeziehung historischer bzw. kunsthistorischer Kenntnisse voraus, sondern auch konkrete Informationen über den Künstler und seine Produktionsbedingungen, den Auftraggeber, den Ort, an dem das Kunstwerk platziert wird oder werden soll. Auf diese Weise können Überlegungen zu den politisch-ideologischen, moralischen oder sozialen Intentionen des Künstlers und/oder des Auftraggebers angestellt werden. Dabei kann ein Vergleich mit ähnlichen oder völlig anders gestalteten Kunstwerken aus derselben Epoche ergiebig sein. Die in der vorikonografischen Beschreibung formulierten Beobachtungen können somit in einen umfassenderen Bezug eingeordnet und gedeutet werden.

Zentralperspektive – die Darstellung des Raumes

Die Darstellung des realen, erfahrbaren Raumes gelingt dem Renaissance-Künstler mithilfe der Zentralperspektive. Sie macht es möglich, auf der zweidimensionalen Bildebene ein dreidimensional wirkendes Bild herzustellen, das dem Netzhautbild des menschlichen Auges entspricht. Die dazu notwendigen wichtigsten optischen und geometrischen Gesetze sind folgende:

- Der Horizont verläuft waagrecht und befindet sich immer in Augenhöhe des Betrachters (des beobachtenden Künstlers).
- Parallele Linienscharen (jeweils eine Gruppe von Linien, die untereinander parallel sind) haben sowohl in der Realität als auch auf der Abbildung einen gemeinsamen Fluchtpunkt.
- Jede eigene Linienschar hat einen eigenen Fluchtpunkt, d. h. so viele Linienscharen existieren, so viele Fluchtpunkte gibt es.
- Alle Linienscharen, die parallel zum Erdboden (Fußboden) verlaufen, haben ihren Fluchtpunkt auf dem Horizont.

Die Folgen dieser Konstruktion sind von höchster Bedeutung:

- Sie ermöglicht ein optisch einheitliches Bild, d. h.: alle Objekte sind in Größe und Proportionen mit ihren typischen Verkürzungen und Ansichten genau an der richtigen Stelle in ein einheitliches Koordinaten-System eingeordnet.
- Durch sie wird die Wiedergabe der Plastizität, der Stofflichkeit, der Licht- und Schattenphänomene erst voll wirksam. Jetzt erst ist die Illusion des natürlichen Objekts vollkommen.

Die Nachteile der zentralperspektivischen Raumwiedergabe, die im Grunde erst von der modernen Kunst aufgegeben wurde, sind erst uns ganz bewusst geworden. Sie betreffen zwei ganz verschiedene Phänomene:
Um solche wissenschaftlich konstruierten Abbilder der Natur zu erhalten, musste man in vielen Fällen die Landschaften mit Architekturen versehen, da ja nur an geometrischen Gebilden pa-

Leonardo da Vinci, Abendmahl, Mailand 1494–1498

S. Botticelli, *Wunder und Tod des Heiligen Zenobius, ca.* 1500–1505
Das Leben, die Wunder und der Tod des heiligen Zenobius, eines Bischofs von Florenz, wurden von Botticelli auf vier Tableaus dargestellt. Die Szenen sind in eine ideale Stadtlandschaft eingebettet. Das hier zu sehende letzte der vier Gemälde zeigt das letzte Wunder (ein vom Wagen überfahrendes Kind – links – wird wieder zum Leben erweckt – Mitte) und den Tod des Heiligen.

rallele Linienscharen existieren, mit deren Hilfe man die wissenschaftliche Genauigkeit der Konstruktion demonstrieren konnte. So entstand auf vielen Renaissance-Bildern oft eine unwirkliche, zwar idealisiert wirken sollende, im Ganzen aber übertriebene und kalte Architektur-Kulissen-Landschaft.

Die Zentralperspektive ermöglicht nur scheinbar eine sachlichere, objektivere Wiedergabe der Wirklichkeit. Es tritt das Phänomen auf, dass der Maler insofern ein subjektives Bild der Natur anfertigt, als ja das zentralperspektivische Bild nicht nur von ihren Objekten, von ihrer Lage zueinander und von ihrer Lage zur Projektionsebene abhängig ist, sondern ganz entscheidend vom spezifischen Standpunkt des Malers. Er ist – ganz ähnlich einem modernen Naturwissenschaftler beim Experimentieren – als Subjekt mit in die objektiven – hier räumlichen und optischen – Zusammenhänge einbezogen. Auch der Betrachter des Bildes ist gezwungen, die Dinge vom Standpunkt des Künstlers aus zu betrachten, oder – anders ausgedrückt – die Seite der Dinge zu sehen, die der Maler durch seinen eigenen, bewusst bezogenen Standort bestimmte.

Wir erhalten durch die Zentralperspektive kein Seinsbild der Dinge, sondern ein Erscheinungsbild. Wir erfahren nicht so sehr, wie die Dinge sind, sondern wie sie erscheinen.

G. J. Janowitz: Wege im Labyrinth der Kunst. Sera Print, Einhausen 1987, S. 155 f.

1. Stellen Sie zusammen, welche neuen Erfahrungen die Zentralperspektive ermöglicht und wie sich dadurch das Verhältnis zur erfahrbaren Welt wandelt.
2. Vergleichen Sie die Gemälde von Leonardo und Botticelli und stellen Sie Unterschiede bei der Ausgestaltung der Zentralperspektive heraus.

4.0 Gelehrtenkultur und Universitäten in der Renaissance

Universitätsgründungen im Mittelalter

Im Mittelalter entstanden die ersten Universitäten, 1088 in Bologna, 1160 in Paris, 1167 in Oxford und 1209 in Cambridge. Die erste deutsche Universität wurde 1348 in Prag gegründet. Unterrichtssprache war Latein. Der Bildungskanon und die innere Struktur der Universitäten wurde auch in der Zeit der Renaissance beibehalten, humanistische Ideen drangen erst spät und nur gelegentlich in die Universitäten ein, insbesondere erst in der Reformationszeit, als zunehmend Landesuniversitäten wie z. B. in Marburg gegründet wurden, um die jeweiligen konfessionellen Präferenzen durch eine entsprechende Ausbildung zu fördern.

Artes liberales

Im Mittelalter wie in der Frühen Neuzeit gab es an den Universitäten vier Fakultäten: Aus der Artistenfakultät, in der die sieben freien Künste (septem artes liberales) unterrichtet wurden, entstand unter humanistischem Einfluss die Philosophische Fakultät, daneben gab es noch die theologische, medizinische und juristische Fakultät. Allerdings waren nicht an allen Universitäten diese Fakultäten vertreten. Als Abschlüsse konnten der baccalaureus, das licentiat, der magister und der doctor erworben werden. Der Doktortitel „adelte" seinen Träger, er gehörte nun zu den hochgeachteten, privilegierten Schichten.

Die gewaltige Wissensvermehrung im 15. und 16. Jahrhundert hinterließ an den Universitäten zunächst nur geringe Spuren und wurde von ihr auch kaum vermittelt. Dass Universitäten aber auch allmählich anfingen, humanistisches Wissen zu unterrichten, dafür steht insbesondere Johannes Reuchlin. Freilich lehrte dieser nicht an „großen" Universitäten, sondern eher nur kurzzeitig an kleinen universitären Neugründungen in der „Provinz".

Begriff des Humanismus

Der Begriff „Humanismus" wurde erst im 19. Jahrhundert durch die historische Forschung geprägt, der Begriff „Humanist" ist hingegen ein zeitgenössischer, der ein Stück weit mit den traditionellen Inhalten und Formen des scholastischen Wissens brach und eine neue Bildungsidee entwickelte. Dementsprechend entfaltete sich der Humanismus nicht primär in den Universitäten, sondern in den Städten, wo Humanisten bisweilen auch politische Aufgaben und Funktionen übertragen bekamen.

Buchdruck

Diese Entwicklung wäre ohne die Revolution des Buchdrucks nicht denkbar gewesen. Gedruckte Bücher wurden nun zu dem Medium der gebildeten Öffentlichkeit, der Buchdruck begünstigte die philologisch angelegte Textkritik, also die sorgfältige Rekonstruktion von „Originaltexten", die durch die jahrhundertelange Abschreibungs- und Überlieferungspraxis mehr oder minder verstümmelt worden waren. Der Buchdruck ermöglichte ferner die rasche Entfaltung einer lustvollen wie aggressiven Streitkultur unter den gebildeten Humanisten, die ihre Bücher nicht nur rasch gegenseitig rezipierten, sondern sich auch wechselseitig bei kontroversen Thesen unterstützten oder bekämpften. Ihre Auseinandersetzungen wurden nun von zahlreichen

Lehre in Paris während des späten 14. Jahrhunderts. Aus den Grandes Chroniques de France. Die Studenten haben eine Tonsur.

anderen Disputanten zur Kenntnis genommen und ironisch, zustimmend oder ablehnend kommentiert. Austausch und Kontroverse wurden zu einem konstitutiven Element des Humanismus. Traditionelle Gewissheiten wurden dabei nachhaltig relativiert.

Wert der Bildung

Die Entfaltung und Profilierung eines Bildungsprogramms verband alle Humanisten: Erst durch Bildung wird der Mensch zum individuellen Menschen. Bildung und Erziehung spielen in den theoretischen Überlegungen wie auch in den Lebenswegen vieler Humanisten eine dominierende Rolle. Dafür legen auch die Autobiografien sowie die damit eng verbundenen teilweise sehr umfangreichen Briefsammlungen mancher Humanisten ein beredtes Zeugnis ab. Sie avancierten nun zu einer besonderen – am antiken Vorbild orientierten stilistischen Ausdrucksform.

Die Humanisten

Diese Vorstellungen von einer individuellen Menschenwerdung stellten zugleich einen Angriff auf die aristokratische Welt dar, bei der die Geburt und die Herkunft eines Menschen über seine Stellung in der Welt entschied und implizierten eine Aufwertung des gebildeten nicht-adeligen Bürgers. Bildung konnte nun auch Bürger, die sich im humanistischen Sinne betätigten, gleichsam nobilitieren.
Die materielle Situation von Humanisten war denkbar unterschiedlich, komfortabel oder auch prekär. Während im Mittelalter viele Intellektuelle durch ihre Klöster versorgt wurden, mussten nun manche Humanisten sich um ihren Lebensunterhalt selbst bemühen. Manche hatten reiche adelige Gönner oder stammten, wie z. B. Willibald Pirckheimer, aus sehr wohlhabenden Bürgerschichten bzw. städtischen Handelshäusern. Andere wiederum bemühten sich um Stellungen als Lehrer oder Erzieher in adeligen Familien oder um öffentliche Ämter in Städten, als politische Beamte oder Pfarrer. Einige führten ein unruhiges Wanderleben und nicht wenige mussten gar – wie z. B. Reuchlin oder Pico della Mirandola – aufgrund ihrer Publikationen oder Stellungnahmen um ihr Leben fürchten.

MATERIAL

1 Wichtigste Reisen und Wirkungsorte des Erasmus von Rotterdam

1469	Geburt als illegitimer Sohn eines Priesters
1478–1483	Schule der Brüder vom Gemeinsamen Leben in Deventer
1487	Eintritt in ein Augustiner-Kloster bei Gouda
1493	Sekretär des Bischofs von Cambrai
1495–1499	Studium in Paris, zahlreiche Reisen in die Niederlande.
1499–1500	Erster Aufenthalt in England.
1501–1503	In den Niederlanden, seit 1502 vorwiegend in Löwen. Studium des Griechischen
1505–1506	Erneuter Aufenthalt in England. Zusammenarbeit mit Gräzisten
1506–1509	Italienische Reise. Promotion zum Dr. theol. in Turin. Arbeit beim Drucker Aldus Manutius in Venedig
1509–1514	In England, hauptsächlich in Cambridge. „Lob der Torheit." Griechische und theologische Lehrtätigkeit. Entschluss, das Neue Testament zu edieren
1514	Reise nach Basel. Verbindung mit dem Druckhaus Froben und mit dem oberrheinischen Humanistenkreis
1519	Beginn der Korrespondenz Luthers mit Erasmus. Die Stadt Löwen wird für Erasmus unerträglich, weil man ihn zu antilutherischen Stellungnahmen zwingen will.
1520	Erasmus bemüht sich in Aachen (Krönung Karls V.) und Köln (vorbereitender Reichstag) beim Kaiser, bei Kurfürst Friedrich III. dem Weisen von Sachsen und bei seinem Gegner, dem päpstlichen Nuntius Aleander, um eine friedliche Beilegung der Auseinandersetzung um Luther.
1521–1529	Erasmus in Basel. Zusammenarbeit mit dem Druckhaus Froben sowie mit dem immer zahlreicheren oberrheinisch-süddeutschen Freundeskreis.
1523	Hans Holbein arbeitet an drei seiner berühmten Erasmus-Porträts.
1529	Übersiedlung des Erasmus von Basel nach Freiburg im Breisgau wegen reformatorischer Unduldsamkeiten in Basel
1535	Rückkehr des Erasmus nach Basel zum Abschluss und zur Drucklegung des Ecclesiastes.
1536 11./12. Juli	Tod des Erasmus, Grab im Münster zu Basel

Hans Holbein der Jüngere: Erasmus v. Rotterdam, 1523

nach: Anton J. Gail: Erasmus von Rotterdam in Selbstzeugnissen und Bilddokumenten, Reinbek bei Hamburg 1974, S. 145 f.

MATERIAL

Stationen von Johannes Reuchlin 2

29. Jan. 1455 Geburt von Johannes Reuchlin als Sohn des Klosterverwalters Georg Reuchlin

1470 Nach dem Besuch der Elementar- und Lateinschule des Dominikanerklosters in Pforzheim Studium der Grammatik, Philosophie und Rhetorik in Freiburg

1473 Reuchlin begleitet einen Sohn des badischen Markgrafen zum Studium nach Paris

1474 Studium der Freien Künste an der Universität Basel. Hier entstand sein lateinisches Wörterbuch „Vocabularius breviloquus"; Reuchlin lernt auch Griechisch

1477/78 Zweiter Paris-Aufenthalt, Rechtsstudien

1480/81 Studium in Orléans und Poitiers

1481 Ratgeber und Orator am Stuttgarter Hof

1482 Reuchlin begleitet Graf Eberhard von Württemberg als Dolmetscher nach Rom. Verhandlungen mit dem Papst über die neu gegründete Universität Tübingen. Reuchlin wird Mitglied des Hofgerichts und Berater des württembergischen Grafen.

1484 Promotion zum „Doktor des kaiserlichen Rechts". Reuchlin lehrt an der Universität Ingolstadt Griechisch und Hebräisch.

1492 Reuchlin wird durch Kaiser Friedrich III. geadelt. Flucht aus Württemberg, da ein Freund durch den neuen Grafen ermordet wurde. Asyl in Worms.

1498 Dritte Italienreise im Auftrag des Pfälzer Kurfürsten Philipp. Tätigkeiten als Rechtsanwalt und schwäbischer Bundesrichter

1506 Reuchlin publiziert eine Einführung in die hebräische Sprache

seit 1510 Streit mit dem zum Christentum konvertierten Juden Pfefferkorn, ob man die jüdischen Bücher verbrennen solle. Anonyme „Dunkelmännerbriefe" (verfasst von renommierten Humanisten) unterstützen Reuchlin, der bisweilen als „Vater der Judenemanzipation" bezeichnet wird.

1517 Reuchlin publiziert sein großes Werk „De arte cabalistica"1520 Die Pest veranlasste Reuchlin zu einer Flucht nach Ingolstadt, hier wurde er Professor für Griechisch und Hebräisch.

1522 Tod Reuchlins in Stuttgart

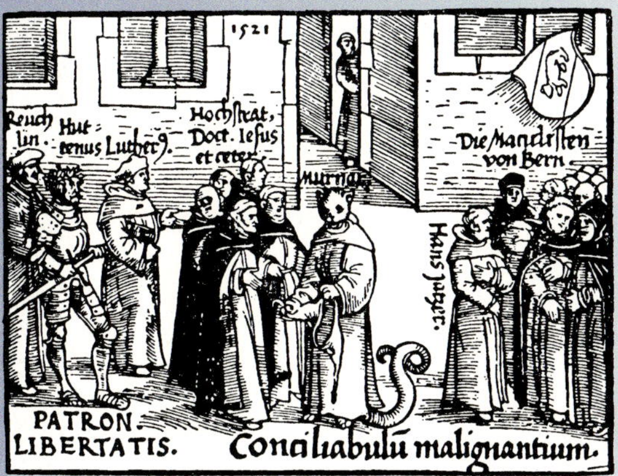

Ein Titelholzschnitt von 1521 zeigt Reuchlin ganz links, wahrscheinlich einziges authentisches Portrait. Er ist hier einer der Patroni Libertatis, die dem Conciliabulum malignantium entgegengesetzt werden.
Der katholische Publizist Murner ist mit Katzenkopf dargestellt, weil Katzen in der Bildersprache der frühen Neuzeit als lüstern und hinterhältig galten und von den Reformatoren daher gern als Symbol für den Klerus und besonders Mönche verwendet wurden.

MATERIAL

3 Reuchlin über seine Jugendzeit

Als junger Mensch habe ich mich sogleich auf die gelehrte und feine Form der lateinischen Rede in Prosa und Poesie konzentriert, während ich in Basel noch die grobe und ungebildete Philosophie des vorigen Jahrhunderts studierte. Damit auch ich mein Scherflein beitrüge zur Wiederherstellung der Literatur, habe ich unter den ersten Professoren außerhalb der Vorlesungsordnung Schriftsteller und Dichter öffentlich interpretiert. Zunächst mit dem Ziel, vor allem für grammatisch richtig und erst in zweiter Linie für elegant gehalten zu werden. Denn was hätte man mehr von Leuten erwarten sollen, die schon über 300 Jahre lang nichts anderes anstrebten als barbarisch zu sein, sodass zusammen mit dem Fehlen der Rhetorik die Lust am Stammeln sich festgesetzt hatte [...]. Hinzu trat das Studium des Griechischen, ohne das keiner für gelehrt erklärt werden kann. Dadurch wurden wir zur Philosophie des Aristoteles zurückgeführt, die gewöhnlich nur griechischkundige Menschen adäquat verstehen können. Diejenigen, die bei guter Begabung nicht durch die alte verdorbene und törichte Lehre vergiftet waren, schlossen sich uns an. Allmählich wurden die kindischen Spielereien der alten Schulparteiungen aufgegeben. Dort aber behaupteten die hochmütigen und vertrockneten Sophisten, ganz lächerliche Leute, dass wir eine Literaturart lehrten, die fern von römischer Frömmigkeit sei, dass die Griechen die Kirche gespaltet hätten und dass wir ihre Wissenschaften, die gegen die offizielle Lehre der Kirche seien, nicht lehren dürften.

nach: Stefan Rhein: Johannes Reuchlin (1455–1522). Eine deutscher „uomo universale". In: Humanismus im deutschen Südwesten. Biographische Profile, Hrsg. von Paul Gerhard Schmidt, Stuttgart (Jan Thorbecke Verlag) 2000, S. 61 f.

MATERIAL

4 Praktische Folgen der humanistischen Bildungsidee

Richard van Dülmen zum frühneuzeitlichen Gymnasium:

Entschieden größeres Interesse schenkte die frühneuzeitliche Gesellschaft, vor allem die Kirche wie die Staaten, dem höheren Schulwesen, wo die staatliche und kirchliche Elite herangezogen wurde. Die zahlreichen Gymnasien und Gelehrtenschulen der frühen Neuzeit waren entweder Neugründungen oder entstanden aus erneuerten alten Lateinschulen im Zusammenhang von Reformation und Gegenreformation. Reformierte Gymnasien konkurrierten in Aufwand, Größe und Einfluss mit den Jesuitengymnasien. Fast jede Stadt besaß eine höhere Bildungsanstalt, auf die das Bürgertum und der Adel ihre Kinder schickten. Aber auch Kinder unterer Schichten fehlten in den frühen Jahren nicht. Ihnen gewährten Kirchen und Staaten Stipendien. Weitreichenden Einfluss und vorbildlichen Charakter hatten vor allem das lutherische Gymnasium in Straßburg und das katholische Jesuitenkolleg in Paris. Die Größe der Gymnasien wuchs nicht selten auf über 1000 Schüler, was entsprechende Räumlichkeiten voraussetzte. Kirchen und weltliche Obrigkeiten unterstützten die Gymnasien nach Kräften. Der Besuch eines Gymnasiums bedeutete für den Einzelnen nicht nur Teilhabe an der höheren Bildung, Unterweisung in den christlichen Verhaltensformen, sondern Erhöhung seiner sozialen Stellung. Es ist den Qualitäten des frühneuzeitlichen Schulwesens zu verdanken, dass Bildung mit dem Tugendkanon der adlig-patrizischen Welt verschmolzen wurde.

Das Gymnasium war Bildungs- und Erziehungsinstitut der frühneuzeitlichen Elite. Sein besonderer Wert lag in der Vermittlung humanistisch-lateinischer Bildung, die alle Konfessionen übernommen hatten. Im Mittelpunkt standen Latein- und Rhetorikunterricht sowie die Unterweisung in christlicher Lehre. Perfekte Aneignung der humanistischen Tradition und der selbständige Umgang mit ihr war ein wichtiges Ziel. Detaillierte Lehrpläne, ausreichende Lehrbücher und qualifizierte Lehrer sicherten den Erfolg. So sehr das Gymnasium mit seinem humanistischen Wissenskanon den Erfordernissen des 16. Jahrhunderts entsprach, so erwies sich die Vernachlässigung der Muttersprache (vor allem in Deutschland), der Mathematik und Geschichte später doch als großer Nachteil. Aber Wissensvermittlung war nur die eine Aufgabe der gelehrten Schule. Gleichgewichtig war die Erziehung und Disziplinierung der Schüler zu christlichen Untertanen. Gerade darin lag die ungewöhnlich weitreichende soziale Funktion der Gymnasien, ohne die kein Staat mehr auskommen konnte. Die Einführung eines Klassensystems mit der Trennung nach Altersgruppen – es gab zumindest fünf bis sechs Klassen –, sowie eines Prüfungssystems förderte einerseits die Elite und trug andererseits zur Normierung des Unterrichts bei. Die Stärkung der Lehrerautorität vervollständigte schließlich ein System der Überwachung der Jugend, das paradigmatisch für die ganze Gesellschaft war. Gerade die Kollegs, die den ganzen Tagesablauf von morgens bis abends regelten, mit gemeinsamen Essens- und Erholungsstunden, wurden „zu einer unentbehrlichen Einrichtung der Gesellschaft: Es ist das Kolleg mit dem von den Schülern getrennten Lehrkörper, mit der strengen Disziplin, den sehr zahlenstarken Klassen, in dem sämtliche Generationen von Gebildeten des Ancien Régime heranwachsen werden". In diesen höheren Bildungsanstalten erreichte die humanistische Bildung einen Wirkungsgrad, der bei aller Verflachung doch erstmals ganz Europa erfasste und die rationale Diskussionsfähigkeit förderte. Diese unzweifelhaft positiven Errungenschaften hatten aber auch beträchtliche soziale Folgen. Sie wurden einmal erkauft durch eine beträchtliche Praxisferne, da die Unterrichtsgegenstände in keinem unmittelbaren Bezug zur späteren ‚beruflichen' Praxis standen und nur für die Universität Voraussetzungen vermittelten, zum anderen erfolgte durch sie eine starke Ablösung der kommenden gesellschaftlichen Elite vom Volk, dem die neuen Gelehrten mit ihrem Wissen und Verhalten fremd wurden. Nicht nur die zunehmende Marktverdichtung differenzierte also die Ständegesellschaft, sondern auch das frühneuzeitliche Schulsystem. Lateinische Bildung war nicht länger nur Signum des Klerus, sondern aller gebildeten Schichten, des Adels wie des entstehenden Bürgertums.

Richard van Dülmen: Entstehung des frühneuzeitlichen Europa 1550–1648. Frankfurt 1982, S. 296–298

1. Stellen Sie die Lebens- und Wirkungsorte des Erasmus zusammen. Warum reisten viele Humanisten (M 1 und 2)?
2. Interpretieren Sie das Erasmus-Portrait von Holbein. Deuten Sie dabei die Details, die Holbein hervorhebt.
3. Welche Motive leiten den jungen Reuchlin bei seinen humanistischen Studien (M 3)?
4. Deuten Sie das neue Menschenbild und das Wissenschaftsverständnis der Humanisten.
5. Legen Sie wichtige Gründe dar, die zur Einrichtung von Gymnasien beitrugen (M 4).
6. Welche Bildungsziele verfolgte das Gymnasium? Kommentieren Sie deren innere Widersprüchlichkeit.

5.0 Die Reformation zwischen traditioneller Apokalyptik und theologischem Neuanfang

Stefan Lochner, Das Jüngste Gericht, 1440 Altarbild für die Laurentiuskirche in Köln

Apokalyptische Ängste

Künstlerische Werke können die geheimsten und genauesten Seismographen der seelischen und geistigen Verfassung einer Zeit sein. Viele um 1500 entstandene Kunstwerke enthüllen das Ausmaß der apokalyptischen Ängste, die auch das Alltagsleben des Einzelnen prägten. Diese Ängste manifestierten sich in der Heiligenverehrung und dem Reliquienwesen, im Ablasshandel und im Hexenglauben, in den Ängsten vor Seuchen und Naturkatastrophen sowie im sensationslüsternen Wunderglauben der Epoche. Überall lauerten die Fratzen des Teufels und der Hölle, Todes- und Jenseitsängste der gequälten Menschen. Zahlreiche Ablasshändler, aber auch Verkäufer von religiösen Traktaten und mit Holzschnitten geschmückten Flugschriften machten aus diesen Ängsten ein einträgliches Geschäft.

Die Volksfrömmigkeit paarte sich mit der scharfen Kritik an zahllosen Missständen in der Kirche. Das Papsttum wie auch viele Bischöfe hatten ihre Autorität weitgehend eingebüßt, viele Mönchsorden galten als „sittenlos", die Forderung nach einer Reform der Kirche an „Haupt und Gliedern" hat um 1500 bereits eine lange Tradition.

Auch Martin Luthers Denken war ebenso wie das anderer Reformatoren dieser apokalyptischen Tradition verpflichtet. Luther radikalisierte und vereinfachte zugleich das komplexe theologische Gebäude der katholischen Kirche.

Der Weinberg als Allegorie der Kirche
Lucas Cranach d. J., Luther im Weinberg, 1569

Er beantwortete die drängende Frage, wie man das Seelenheil erlangt, durch drei einfache Aussagen: allein durch den Glauben (sola fide), allein durch die Gnade Gottes (sola gratia), und allein die Heilige Schrift hat Autorität bei Glaubensfragen (sola scriptura). Diese elementaren Antworten auf die Frage der „Rechtfertigung" (also wie man vor Gott „richtig" wird), stellten den entscheidenden reformatorischen Durchbruch dar, der bei den Zeitgenossen großen Widerhall fand. Die hohe Dynamik und Durchschlagkraft der Reformation kann sicherlich nicht allein auf die Person Luther zurückgeführt werden, ihm hat bereits die spätmittelalterliche Kirche vorgearbeitet, aber Luthers Theologie wirkte wie ein Befreiungsschlag.
Die Institution Kirche verlor durch die reformatorische Rechtfertigungslehre ihre zentrale Stellung. Nach Ansicht der Reformatoren galt nicht mehr der alte Glaubenssatz „nulla salus extra ecclesiam" (es gibt kein Heil außerhalb der Kirche), der die Existenz und die Macht der katholischen Hierarchie legitimierte, da sie exklusiv über die „Schlüssel" – die Sakramente – zum Heil verfügte. Nach katholischer Interpretation gilt der Satz allerdings bis heute.

Verbreitung der Reformation

Die Reformation entwickelte sehr rasch eine große Dynamik, zunächst in den Städten, aber auch bei der Masse der Bevölkerung, den Bauern. Dabei konnten die protestantischen Prediger oft an einer traditionellen Widerständigkeit verschiedener sozialer Gruppen anknüpfen. Zugleich weitete sich die reformatorische Bewegung weit über Deutschland aus. In den Städten differenzierten sich je nach den jeweiligen Predigern – nicht selten inspiriert von apokalyptischen Ängsten und Hoffnungen – stark die theologischen Orientierungen. Vor allem in Mitteldeutschland bis in die Niederlande bildeten sich so genannte Täufergemeinden, besonders heftig tobten die Kämpfe in Münster. Thomas Müntzer (ca. 1490–1525) und Johannes Calvin (1509–1564) radikalisierten reformatorische Ideen. Die Versuche mancher Theologen, etwa von Erasmus von Rotterdam, zwischen den verschiedenen Strömungen zu vermitteln, scheiterten.

Angeregt durch protestantische Prediger erhoben sich in einigen Regionen auch Bauern. Sie forderten eine Gesellschaftsordnung, die im Einklang mit der Heiligen Schrift stehen sollte. Vielfach bezogen sich die Beschwerdeschriften auf altes Recht. Diese sozialrevolutionären Bewegungen wurden allerorten niedergeschlagen. Lange Zeit wurde das Ergebnis des Bauernkriegs so gedeutet, dass die Bauern eine demütigende und vernichtende Niederlage erlebt hätten, von der sie sich jahrhundertelang nicht mehr erholen sollten und sich daher ergeben der feudalen Obrigkeit unterworfen hätten. Es gab aber auch vertragliche Regelungen, die den Beschwerden der Bauern durchaus Rechnung trugen.

MATERIAL

1 Der ganze Klerus ist von der Ketzerei angesteckt

Aus einem Bericht des päpstlichen Gesandten Aleander über den Wormser Reichstag, Dezember 1520 und Februar 1521. Die Reise nach Worms gestaltete sich für Luther wie ein Triumphzug; er wurde in vielen Orten begeistert begrüßt.

Nicht genug wundern kann man sich über die Tatsache, dass Geistliche und Mönche von anderer Ordensregel als der Luthers ihm für ihr Leben zugetan sind. Eine Ausnahme macht nur der Abt von Fulda [...] Fast der ganze Klerus außer den Pfarrern ist von der Ketzerei über die Maßen angesteckt und am ärgsten machen es die von Rom aus Beförderten. Das Volk lässt sich durch Worte blindlings fortreißen, besonders in Mainz und Worms, und mehr oder weniger auch anderswo. [...] Diese alle rühren sich aber durchaus nicht etwa deshalb, weil sie von den Grundlagen der lutherischen Lehre viel verständen, – denn nur seine Schmähreden und Huttens Satiren machen auf sie Eindruck –, sondern im voraus gegen die römische Kirche aufgebracht, vermengen sie den Glauben mit ihren Privatleidenschaften, die sie gegen Rom erbittern, und lassen ihn in ihrem Hasse untergehen. [...]
Sie lassen den Glauben im Stich und werden leichten Herzens Gottesleugner, nur um für diese ungeheuren Übergriffe [des Papstes] sich zu rächen. [...]
Jetzt aber ist ganz Deutschland in hellem Aufruhr; neun Zehnteile erheben das Feldgeschrei: „Luther!" und für das übrige Zehntel, falls ihm Luther gleichgültig ist, lautet die Losung wenigstens: „Tod dem römischen Hofe!" Alle aber haben die Forderung eines Konzils auf ihre Fahnen geschrieben, welches in Deutschland abgehalten werden soll [...].
Täglich regnet es lutherische Schriften in deutscher und lateinischer Sprache. Auch hier wird eine Druckerei unterhalten, wo dieses Handwerk bisher unbekannt war. Es wird hier gar nichts anderes verkauft als Schriften Luthers, und selbst am kaiserlichen Hofe, denn die Leute halten ganz erstaunlich zusammen und haben Geld in Menge. [...]
Immer wieder wird uns die Ausfertigung [des Mandats gegen Luther] hintangehalten. Durch die geheime Begünstigung Luthers vonseiten des Kurfürsten von Sachsen, durch die wütenden Beschwerden, welche die Fürsten bei dem Kaiser über uns führen [...]
Und nun geraten wir auch noch dadurch in die größte Verlegenheit, dass die heimkehrenden Romfahrer überall erzählen, in Rom mache man sich lustig über Luther und lege seiner Sache nicht die geringste Bedeutung bei.

nach: Paul Kalkoff, Die Depeschen des Nuntius Aleander vom Wormser Reichstage 1521, Halle 1886, S. 24 f., 43 f., 46

MATERIAL

2 Der Historiker Heinrich Lutz zu sozialen und machtpolitischen Rahmenbedingungen der Reformation (1983)

Quer durch die deutschen Lande gewannen die Städte eine führende Stellung in der Frühgeschichte der Reformation. Reichsstädte vor allem, aber auch landesfürstliche Städte boten als Zentren des Schul- und Buchwesens, aufgrund ihrer langfristigen Tendenzen zur Laienkontrolle über das Kirchenwesen wie mit Hilfe der erheblichen sozialen Mobilität und politischen Autonomie vielfache Anknüpfungspunkte für die evangelische Bewegung. Nur in der Stadt konnte unter den damaligen Bedingungen die reformatorische Bewegung zur Massenbewegung werden. Man darf sich die Dinge freilich nicht zu eindimensional vorstellen. Wohl gab es spezifische Formen bürgerlicher Frömmigkeit und Kirchenkritik, doch wirkten die konkreten Verhältnisse mit einem Pluralismus von kirchlichen und klösterlichen Zentren, Stiftungen und Bruderschaften oft recht kontrastreich: In ein und derselben Stadt wurde das eine Kloster zum Mittelpunkt entschiedener reformatorischer Bestrebungen, das andere Kloster zur Zufluchtsstätte katholischen Widerstandes. Auch die soziale Dynamik, die sich in sehr vielen Fällen konfliktverschärfend mit dem städtischen Ringen um Rezeption der evangelischen Lehre verband, konnte zu unterschiedlichen Formen und Ergebnissen der Auseinandersetzung führen. Meist reagierten der städtische Rat und ein Teil der Oberschicht – vor allem im Hinblick auf die politischen und ökonomischen Außenbezüge der Stadt – vorsichtig und langsam. Revolten der Unterschicht, Rivalitäten innerhalb der Mittel- und Oberschichten erhielten in vielen Fällen Schärfe, Rechtfertigung und auch Erfolg durch die Verbindung mit dem religiösen und kirchlichen Veränderungswillen. Dazu kam in den Jahren nach 1521 der fast totale Ausfall der kaiserlichen Autorität, was zumal für die Reichsstädte eine nicht vereinzelt, sondern kollektiv wirkende und animierende Ausnahmesituation schuf. […]

So ist es zu erklären, dass auf dem Wege zu einer neuen Kirche einige der größeren deutschen Städte an der Spitze lagen. […]

Als beispielhaft lassen sich die Vorgänge in Nürnberg betrachten, wo Albrecht Dürer unmittelbar in die reformatorische Entwicklung verflochten war. In Dürers vorreformatorischer Kunst begegnet uns die spätmittelalterliche Frömmigkeitswelt in ihrer Tiefe und Breite aufs eindringlichste. Er war bei Luthers erstem Auftreten ein Mann von sechsundvierzig Jahren, auf der Höhe seines Ruhms, und er bekannte sich 1520 voller Dankbarkeit und uneingeschränkt zu Luther, der ihm „aus großen Ängsten geholfen“ habe. Nochmals kann man in solchen Äußerungen die christliche, seelische Befreiung nachempfinden, die Luthers deutsche Schriften für viele bedeuteten, zumal für jene, welche wie Dürer Latein nicht verstanden.

Mit seinen Nürnberger Freunden, vor allem mit dem Humanistenkreis um Willibald Pirckheimer, begrüßte Dürer den Weiterweg Luthers und die beginnende Rezeption des Luthertums in Nürnberg. Der Rat verfügte hier über die Besetzung der beiden Pfarrkirchen St. Sebald und St. Lorenz. An beiden Kirchen amtierten evangelisch gesinnte Pröpste, die der Rat in dem eskalierenden Konflikt mit dem Bamberger Bischof unterstützte. 1524 hatte der Bischof den Bann über die beiden Pröpste verhängt. Der Rat beließ sie im Amt. Die Stadt musste befürchten, vom Kaiser in die Reichsacht erklärt zu werden. In dieser bedrängten Situation, als nur mehr eine kleine katholische Minderheit in der Stadt gegen die neue Solidarität der evangelischen Bewegung stand, bekannte sich Dürer ausdrücklich zu den Gefahren, die das evangelische Bekenntnis für Nürnberg brachte. […]

Wenig später veranstaltete der Nürnberger Rat eine öffentliche Disputation zwischen evangelischen und katholischen Theologen, die dazu führte, dass nun die Stadt sich offiziell zum evangelischen Gottesdienst bekannte.

Heinrich Lutz: Das Ringen um deutsche Einheit und kirchliche Erneuerung. Berlin (Propyläen Verlag) 1983, S. 231–233

1. Zahlreiche Humanisten und Künstler der Renaissance (wie z. B. Erasmus, Hutten, Reuchlin, Pirckheimer, Dürer u. a.) haben Luther „vorgearbeitet“. Begründen Sie diese These.
2. Stellen Sie zusammen, wie Aleander die religionspolitische Situation in Deutschland deutet und wie er den Erfolg Luthers erklärt. (M 1)
3. Informieren Sie sich über die Biografie und das Wirken anderer Reformatoren wie Zwingli und Calvin. Worin unterscheiden sich diese in theologischer Hinsicht von Luther?
4. Untersuchen Sie das Gemälde von Lucas Cranach (S. 53). Wie stellt der Künstler die alte und die neue Lehre gegenüber, wie wird der „Weinberg“ der Protestanten dargestellt, wie der der Katholiken?
5. Erläutern Sie, warum die Reformation vor allem in den Städten günstige Voraussetzungen vorfand. (M 2)

6.0 Staatstheorie in der Renaissance – Machiavelli

Niccolò Machiavelli (1468–1527) Gemälde von Tito di Santi

Niccolò Machiavelli war der erste neuzeitliche Staatstheoretiker, der – angeregt von den antiken Theoretikern – herauszufinden versuchte, wie Staaten erhalten oder stabilisiert werden könnten. Hintergrund seiner Überlegungen waren die zahlreichen politischen Wirren und Katastrophen in Italien, in denen viele Stadtstaaten mit- und gegeneinander konkurrierten und ausländische Mächte versuchten, diese Lage für sich auszunutzen. Kennzeichnend für sein politisches Denken und Handeln war nicht die Orientierung an normativen, ethischen Prämissen, sondern die an den politischen Realitäten. Er untersucht die politischen Ereignisse also nicht unter moralischen Kriterien, sondern im Hinblick darauf, ob sie geeignet für die Stabilität der jeweiligen staatlichen Herrschaftsformen sind. Als Machiavellismus wird daher allgemein eine bisweilen auch rücksichtslose, skrupellose Machtpolitik verstanden, bei der die Erhaltung des Staates und die Staatsraison über alles gestellt wird. Moralische Bedenken und rechtliche Normen treten dabei völlig in den Hintergrund.

Leben und Werk Machiavelli entstammte einer verarmten florentinischen Patrizierfamilie. Nach dem Sturz des Bußpredigers Girolamo Savonarola (1498) wurde er Sekretär der Republik Florenz, zuständig u. a. für die Außen- und Verteidigungspolitik, er leitete zahlreiche diplomatische Missionen. Als die Medici wieder an die Macht gelangten (1512), wurde Machiavelli seiner Ämter enthoben. Er geriet in den Verdacht, an einer Verschwörung gegen die neue Herrschaft beteiligt zu sein und wurde daher eingekerkert und gefoltert, im Zuge einer Amnestie aber wieder freigelassen und aus Florenz verbannt. Auf seinem Landgut verfasste er seine berühmten Werke „Il principe" („Der Fürst") und seine „Discorsi". Er verglich in diesen Werken seine eigenen politischen Erfahrungen mit den Texten antiker römischer Historiker, vor allem des Titus Livius, der von einer gleichsam vorbildlichen Zeit berichtet, um daraus Verallgemeinerungen über die Struktur und Stabilität politischer Herrschaft abzuleiten. Er gilt als Vorläufer der theoretischen Politikwissenschaft. Seine Schrift „Il principe" wurde von zahllosen Staatsmännern rezipiert, in zahlreiche Sprachen übersetzt und sie wird bis in die Gegenwart äußerst kontrovers diskutiert.

MATERIAL 1

Die Entwicklung der Verfassungen bei Machiavelli

Einige politische Schriftsteller[1] nehmen drei Regierungsformen an, nämlich die Monarchie, Aristokratie und Demokratie, für deren eine sich der Begründer eines Staates je nach der Zweckmäßigkeit entscheiden müsse. Andere dagegen, und nach der Ansicht vieler die Klügeren, sind der Ansicht, dass es sechs Regierungsformen gibt, von denen drei abscheulich, die drei andern an sich zwar gut seien, aber so leicht ausarteten, dass sie gleichfalls verderblich würden. Die guten sind die drei oben genannten, die schlechten sind drei andere, die aus ihnen entstehen. Jede von ihnen ist der, aus der sie entsprungen ist, so ähnlich, dass der Übergang von der einen zur andern sehr leicht ist. Denn die Monarchie artet leicht zur Tyrannis, die Aristokratie zur Oligarchie und die Demokratie zur Zügellosigkeit aus. Führt also der Begründer eines Staates eine der drei ersten Formen ein, so ist es nur für kurze Zeit. Es lässt sich durch nichts verhindern, dass sie in ihr Gegenteil umschlägt, denn Tugend und Laster wohnen hier dicht beieinander.

Diese verschiedenen Regierungsformen sind durch Zufall entstanden. Im Anfang der Welt, als die Menschen noch spärlich waren, lebten sie zerstreut wie die Tiere. Später, als ihr Geschlecht sich vermehrte, schlossen sie sich zusammen und begannen, um sich besser verteidigen zu können, den Stärksten und Tapfersten unter ihnen zu achten, machten ihn zu ihrem Oberhaupt und gehorchten ihm. Daraus entsprang der Begriff des Edlen und Guten im Gegensatz zum Schädlichen und Bösen. Denn man sah, dass aus dem Unrecht, das einer seinem Wohltäter zufügte, Hass und Mitleid entsprang, dass die Undankbaren getadelt, die Dankbaren aber geehrt wurden; auch sagte sich jeder, dass ihm die gleiche Unbill selbst widerfahren könnte. Um ähnlichen Übeln vorzubeugen, entschloss man sich, Gesetze zu schaffen und ihre Übertretung zu strafen. Hieraus entstand der Begriff der Gerechtigkeit. Infolgedessen sah man fortan bei der Wahl eines Oberhauptes nicht mehr auf den Tapfersten, sondern auf den Klügsten und Gerechtesten. Als man aber später den Fürsten durch Erbfolge und nicht durch Wahl bestimmte, begannen die Erben sofort auszuarten, vergaßen die Taten ihrer Vorfahren und wähnten, die Fürsten hätten nichts weiter zu tun, als die andern in Pracht, Zügellosigkeit und jeder Art von Üppigkeit zu übertreffen. So wurde der Fürst verhasst und begann sich wegen dieses Hasses zu fürchten. Von der Furcht ging er bald zu Gewalttaten über, und so entstand bald die Tyrannis.

Das war der Anfang der Umstürze, der Meutereien und Verschwörungen gegen die Fürsten. Deren Anstifter aber waren nicht die Furchtsamen und Schwachen, sondern die Edelmütigsten, Hochherzigsten, Reichsten und Vornehmsten, die das schimpfliche Leben des Fürsten nicht ertragen wollten. Die Menge folgte dem Ansehen dieser Mächtigen, erhob die Waffen gegen den Fürsten, vertrieb ihn und gehorchte ihren Befreiern. Da diesen der Fürstenname verhasst war, bildeten sie aus ihrer Mitte eine Regierung und hielten sich, der früheren Tyrannis eingedenk, anfangs im Rahmen der von ihnen gegebenen Gesetze, ordneten ihren eigenen Vorteil dem Gemeinwohl unter und verwalteten und erhielten die öffentlichen und Privatangelegenheiten mit größter Sorgfalt. Dann aber ging die Regierung auf ihre Söhne über, die den Wechsel des Glücks nicht kannten und nie das Unglück erfahren hatten. Sie wollten sich mit der bürgerlichen Gleichheit nicht begnügen, sondern ergaben sich der Habsucht, dem Ehrgeiz, den Gelüsten nach Frauen und machten die Herrschaft der Vornehmen zur Herrschaft der Wenigen, ohne irgendwelche Rücksicht auf die bürgerlichen Rechte. So erging es ihnen in kurzem wie dem Tyrannen. Die Menge ward ihrer Herrschaft überdrüssig und schloss sich jedem an, der Miene machte, die Herrschenden zu stürzen; und so erhob sich bald einer, der sie mit Hilfe der Menge vertrieb. Nun war die Erinnerung an den Fürsten und an seine Bedrückung noch frisch; man hatte die Herrschaft der Wenigen gestürzt und wollte die des Fürsten nicht wieder aufrichten: so ging man zur Volksherrschaft über, in der weder einige Machthaber noch ein Fürst irgendwelche Gewalt erhielten. Da nun jede Regierungsform zu Anfang einige Ehrfurcht einflößt, erhielt sich die Volksherrschaft eine Weile, aber meist nicht lange, besonders wenn das Geschlecht, das sie eingeführt hatte, ausgestorben war. Bald kam es zur Zügellosigkeit, die weder vor Privat- noch vor Amtspersonen haltmachte, und da jeder auf seine Art lebte, fügte man sich täglich tausendfaches Unrecht zu. So kehrte man denn notgedrungen, sei es unter dem Einfluss eines redlichen Mannes, oder um der Zügellosigkeit zu entgehen, von neuem zur Fürstenherrschaft zurück, und aus dieser von Stufe zu Stufe, in der nämlichen Art und aus denselben Gründen, wieder zur Zügellosigkeit.

In diesem Kreislauf hat sich die Regierung aller Staaten bewegt und bewegt sich noch, und doch kehren sie selten zu den gleichen Regierungsformen zurück; denn kaum ein Staat besitzt so viel Lebenskraft, dass er solche Umwälzungen mehrmals durchmachen kann, ohne zugrunde zu gehen. Wohl aber geschieht es, dass ein Staat in seinen Wirren, wenn es ihm dauernd an Kraft und gutem Rat fehlt, in die Gewalt eines Nachbarstaates kommt, in dem bessere Ordnung herrscht. Aber geschähe das nicht, so könnte sich jeder Staat ohne Ende im Kreis dieser Regierungsform drehen.

[1] Diese Theorien finden sich insbes. bei Aristoteles, Polybios und Cicero.

Niccolò Machiavelli: Discorsi. Staat und Politik, übersetzt von Friedrich von Oppeln-Bronikowski, hrsg. von Horst Günther, Frankfurt/Leipzig 2000, S. 15 ff.

MATERIAL

2 Machiavelli: Inwiefern die Fürsten ihr Wort halten sollen

Wie löblich es ist, wenn ein Fürst sein Wort hält und rechtschaffen und ohne List verfährt, weiß jeder. Trotzdem zeigt die Erfahrung unserer Tage, dass die Fürsten, die sich aus Treu und Glauben wenig gemacht und die Gemüter der Menschen mit List zu betören verstanden haben, Großes geleistet und schließlich diejenigen, welche redlich handelten, überragt haben.

Man muss wissen, dass es zwei Arten zu kämpfen gibt, die eine nach Gesetzen, die andere durch Gewalt; die erste ist die Sitte der Menschen, die andere die der Tiere. Da jedoch die erste oft nicht ausreicht, so muss man seine Zuflucht zur zweiten nehmen. Ein Fürst muss daher sowohl den Menschen wie die Bestie zu spielen wissen. Diese Lehre haben die Alten den Fürsten bildlich erteilt, indem sie erzählten, dass Achill und viele andere Fürsten des Altertums von dem Zentauren Chiron erzogen wurden und unter dessen Zucht aufwuchsen. Einen solchen Lehrer zu haben, der halb Tier, halb Mensch war, soll nichts anderes bedeuten, als dass der Fürst beide Naturen zu gebrauchen wissen soll und dass die eine ohne die andere nicht bestehen kann.

Und weil denn ein Fürst imstande sein soll, die Bestie zu spielen, so muss er von dieser den Fuchs und den Löwen annehmen; denn der Löwe entgeht den Schlingen nicht, und der Fuchs kann dem Wolf nicht entgehen. Er muss also ein Fuchs sein, um die Schlingen zu kennen, und ein Löwe, um die Wölfe zu schrecken. Die, welche nur den Löwen zum Vorbild nehmen, verstehen es nicht. Ein kluger Herrscher kann und soll daher sein Wort nicht halten, wenn ihm dies zum Schaden gereicht und die Gründe, aus denen er es gab, hinfällig geworden sind. Wären alle Menschen gut, so wäre dieser Rat nichts wert; da sie aber nicht viel taugen und ihr Wort gegen dich brechen, so brauchst du es ihnen auch nicht zu halten. Auch wird es einem Fürsten nie an guten Gründen fehlen, um seinen Wortbruch zu beschönigen. Hierfür könnte man zahllose moderne Beispiele anführen und nachweisen, wie viele Versprechungen und Verträge durch die Untreue der Fürsten gebrochen worden sind, und wie derjenige, der am besten den Fuchs zu spielen verstand, am weitesten gekommen ist. Freilich ist es nötig, dass man diese Natur geschickt zu verhehlen versteht und in der Verstellung und Falschheit ein Meister ist. Denn die Menschen sind so einfältig und gehorchen so sehr dem Eindruck des Augenblicks, dass der, welcher sie hintergeht, stets solche findet, die sich betrügen lassen. [...]

Ein Fürst braucht also nicht alle oben genannten Tugenden zu besitzen, muss aber im Rufe davon stehen. Ja, ich wage zu sagen, dass es sehr schädlich ist, sie zu besitzen und sie stets zu beachten;

aber fromm, treu, menschlich, gottesfürchtig und ehrlich zu scheinen ist nützlich. Man muss nur sein Gemüt so gebildet haben, dass man, wenn es nötig ist, auch das Gegenteil vermag. Und dies ist so zu verstehen, dass ein Fürst, insbesondere ein neuer Fürst, nicht all das beachten kann, was bei anderen Menschen für gut gilt; denn oft muss er, um seine Stellung zu behaupten, gegen Treu und Glauben, gegen Barmherzigkeit, Menschlichkeit und Religion verstoßen. Daher muss er ein Gemüt besitzen, das sich nach den Winden und nach dem wechselnden Glück zu drehen vermag, und, wie gesagt, zwar nicht vom Guten lassen, wo dies möglich ist, aber auch das Böse tun, wenn es sein muss.

Ein Fürst muss sich daher wohl hüten, je ein Wort auszusprechen, das nicht voll der oben genannten fünf Tugenden ist. Alles, was man von ihm sieht und hört, muss Mitleid, Treue, Menschlichkeit, Redlichkeit und Frömmigkeit ausstrahlen. Und nichts ist nötiger als der Schein dieser letzten Tugend; denn die Menschen urteilen insgesamt mehr nach den Augen als nach dem Gefühl, denn sehen können alle, fühlen aber wenige. Jeder sieht, was du scheinst, wenige fühlen, was du bist, und diese wagen es nicht, der Meinung der Menge zu widersprechen, welche die Majestät des Staates zu ihrem Schutze hat. Bei den Handlungen aller Menschen, insbesondere der Fürsten, welche keinen Richter über sich haben, blickt man immer nur auf ihr Ergebnis. Der Fürst sehe also nur darauf, wie er sich in seiner Würde behaupte; die Mittel werden stets für ehrbar befunden und von jedermann gelobt werden. Denn der Pöbel hält es stets mit dem Schein und dem Ausgang einer Sache; und die Welt ist voller Pöbel. Die wenigen Klügeren aber kommen nur dann zur Geltung, wenn die große Menge nicht weiß, woran sie sich halten soll. Ein Fürst unserer Zeit, den ich lieber nicht nenne[1], predigt nichts als Frieden und Treue und tut von beidem das Gegenteil. Hätte er aber beides befolgt, so hätte er mehr denn einmal Ruf und Thron verloren.

[1] Machiavelli spielt hier auf Ferdinand von Aragonien an, der die Eroberung der Königreiche Neapel und Navarra nur seiner Treulosigkeit und Wortbrüchigkeit zu verdanken hatte.

Machiavelli: Der Fürst. Frankfurt/M. 1990, S. 86–89. Übers. Friedrich von Oppeln-Bronikowski.

MATERIAL 3

Der Philosoph Klaus Held zur Moral von Machiavelli

Auch das hat natürlich zu Machiavellis schlechtem Ruf beigetragen. [...] Entscheidend ist für Machiavelli, ob ein absoluter Machthaber die korrupten politischen Verhältnisse nur zu seinem eigenen Vorteil in Ordnung bringt oder ob er die Selbstlosigkeit und Kraft besitzt, alles für die Aufrechterhaltung des „stato" zu tun, d. h. eine Ordnung zu schaffen, die über seinen eigenen Tod hinaus Bestand hat und so zur Grundlage einer Republik werden kann. Eine solche Einstellung und Leistung billigt Machiavelli Cesare Borgia zu, und er meint, dass es nur unglückliche äußere Umstände gewesen seien, die ihn daran gehindert hätten, sein politisches Werk in der vorgesehenen Weise zu vollenden.

Ob Machiavelli mit diesem Urteil historisch Recht hatte, braucht hier nicht zu interessieren. Entscheidend ist, dass er die absolute Macht nicht um jeden Preis rechtfertigt. Nur derjenige „principe", der für eine stabile Republik den Weg bahnt, verdient nicht Verachtung, sondern Ruhm und Ehre. Für die Fähigkeit, kraft deren ein „principe" in der Lage ist, rühmenswerte politische Leistungen zu vollbringen, hat Machiavelli ein eigenes Wort; es lautet „virtù" und ist die italienische Form des lateinischen Wortes „virtus". Man übersetzt diesen Begriff normalerweise mit „Tugend" und meint damit die moralische Rechtschaffenheit.

Nach der Auffassung der klassischen politischen Philosophie in Antike und Mittelalter sollte die politische Tüchtigkeit mit der moralischen Tugend eine Einheit bilden. Machiavelli kennt diese Auffassung, aber er lässt die Einheit von moralischer Tugend und politischer Leistungsfähigkeit platzen. Für die Rosskur gegen die „ambizione" kommt es allein darauf an, dass der Machthaber in der Lage ist, eine auf Dauer stabile gesetzliche Ordnung und damit die Chance für eine

beständige Republik herbeizuführen. Mit welchen moralischen oder unmoralischen Mitteln er das tut, spielt keine Rolle; er muss nur Erfolg haben. So wird die „virtu“ bei Machiavelli zu einem moralisch neutralen Durchsetzungsvermögen – zu dem, was man heute „power“ nennt, aber „power“ jenseits von Gut und Böse.
Die Auffassung, dass gegen die allgemeine Korruption des Gemeinwesens nur eine Radikalkur hilft, hatte vor Machiavelli schon ein anderer politisch engagierter Mann in Florenz vertreten: der Dominikanermönch Girolamo Savonarola. Er hielt aber im Unterschied zu Machiavelli noch ganz mittelalterlich an der moralischen Bedeutung der politischen „virtù“ fest. Deshalb wollte er die Republik Florenz mit einer moralischen Erneuerung kurieren. Dass er damit scheiterte, wurde für Machiavelli zum Schlüsselerlebnis. Im gleichen Jahr 1498, in dem Savonarola auf dem Platz beim Palazzo Vecchio hingerichtet wurde, bekam er den Posten als Staatssekretär.
In seinen Analysen brandmarkt Machiavelli die Verwechslung politischer Reform mit einer Erneuerung der Moral als einen der Grundirrtümer in der Politik. Da die Moral damals und zumal für den Mönch Savonarola von der christlichen Religion nicht zu trennen war, richtet sich Machiavellis Kritik auch gegen das Christentum – nicht gegen den christlichen Glauben überhaupt und nicht gegen große christliche Leitfiguren wie Franziskus, wohl aber gegen eine christliche Haltung, die glaubt, die Politik müsse durch eine moralische Umerziehung der Menschen in Ordnung gebracht werden. In Machiavellis Augen erreicht man damit, wie Savonarolas moralischer Staat gezeigt hat, das Gegenteil dessen, was man beabsichtigt; man richtet das Gemeinwesen endgültig zugrunde.
Machiavellis Denken kreist um die Herbeiführung und Bewahrung des „stato“, die Stabilität des öffentlichen Machtzustands. Der „stato“ soll die solide Grundlage für die Republik bilden, in der die Menschen durch die Verklammerung von Gesetzesbindung und Bürgerfreiheit in Frieden miteinander leben können.

Klaus Held, Treffpunkt Platon. Philosophischer Reiseführer durch die Länder des Mittelmeers, Stuttgart 1990, S. 386 f.

MATERIAL

4 Der florentinische Staatsmann und Historiker Francesco Guicciardini (1483–1540) über Lorenzo de Medici

Lorenzo de' Medici war 43 Jahre alt, als er starb, und hatte 23 Jahre an der Spitze der Regierung gestanden. [...] Er verlangte nach Ruhm und Ansehen mehr als irgendein anderer. Man könnte ihn tadeln, dass er sich von diesem Wunsch selbst in den kleinsten Dingen in übertriebener Weise beherrschen ließ. Er duldete nicht, dass irgendein Mitbürger ihn in Versen, Lustspielen oder Aufsätzen parodierte oder imitierte, und war sehr aufgebracht, wenn dagegen verstoßen wurde. Ebenso aber auch in großen Dingen; wollte er doch in jeder Hinsicht mit allen Fürsten Italiens wetteifern und ihnen gleichstehen. [...] Trotzdem war diese Ruhmsucht, aufs Ganze gesehen, lobenswert, bestand doch eine der Ursachen, warum sein Name und sein Ruhm allerorten, auch außerhalb Italiens, gefeiert wurden, in seinem Bestreben, Florenz an Künsten und Fähigkeiten über jede andere Stadt Italiens zu erheben. So vor allem auf dem Gebiet der Wissenschaft; er errichtete in Pisa wieder eine Hochschule der Rechtswissenschaft und der freien Künste, und als man ihm mit vielen Gründen darlegte, dass sie an Zahl der Studenten mit Padua und Pavia nicht wetteifern könne, gab er zur Antwort, es genüge ihm, wenn der Lehrkörper besser sei als an den anderen Hochschulen. Deshalb holte er die ausgezeichnetsten und berühmtesten Männer Italiens dorthin, zahlte ihnen die höchsten Gehälter und scheute keine Kosten und keine Mühe, sie zu gewinnen. [...] Dieselbe Gunst erwies er der Dichtkunst, Musik, Architektur, Malerei, Bildhauerei, allen reinen und angewandten Künsten, so dass die Stadt überreich war an geistiger Kultur. Dies um so mehr, als er selbst bei seiner universalen Begabung durchaus zu urteilen verstand und die Menschen zu unterscheiden wusste, so dass alle wetteiferten, seinen Beifall zu erregen. Dazu kam seine unerschöpfliche Freigebigkeit, mit der er den Tüchtigen reichlichen

Unterhalt gewährte und sie mit allem notwendigen Handwerkszeug für ihre Kunstausübung versah. So beauftragte er einmal, um eine griechische Bibliothek einzurichten, den Lascari, einen sehr gelehrten Mann, der in Florenz das Griechische lehrte, seine Nachforschungen nach wertvollen alten Büchern bis nach Griechenland auszudehnen. Manche hielten ihn für grausam und rachsüchtig wegen der Härte, mit der er gegen die Pazzi[1] verfuhr, unschuldige Jünglinge einkerkern ließ und den Mädchen die Ehe verbot, nachdem doch schon in jenen Tagen so zahlreiche Hinrichtungen geschehen waren. Immerhin war ja dieser Vorfall so abscheulich, dass man sich nicht wundern kann, wenn er sich davon besonders getroffen fühlte, und man muss doch auch anerkennen, dass er mit der Zeit milderen Sinnes wurde, den Mädchen die Erlaubnis zur Heirat gab und zustimmte, dass die Pazzi aus dem Gefängnis entlassen wurden und außer Landes gingen. In anderen Prozessen hat er keine Grausamkeit gezeigt und damit bewiesen, dass er kein blutgieriger Mensch war. Was seinen Charakter mehr als alles andere belastete, war sein Misstrauen. [...] Deshalb bemühte er sich anfangs, als er gerade erst Fuß zu fassen begann, soviel wie möglich solche Bürger heranzuziehen, von denen er wusste, dass sie wegen ihrer vornehmen Abkunft, ihres Reichtums, ihrer Macht oder ihres Rufes allgemein geachtet seien. Diesen wurden, wenn sie aus solchen Häusern und Familien stammten, die dem herrschenden System zuverlässig ergeben waren, die Gesandtschaften, Sonderaufträge und ähnliche Ehrenämter übertragen; gleichwohl traute er ihnen nicht, sondern ergänzte die Signoria mit Hilfe von Wahlen und Ämterkauf. Die geheimsten Sachen vertraute er nur solchen an, die ihm ihr Ansehen verdankten, damit sie ohne seine Unterstützung auf keinen Anhang zählen könnten. [...]

Das gleiche Misstrauen bewog ihn, dafür zu sorgen, dass nicht etwa die einflussreichen Männer sich untereinander verschwägerten. [...] Dieses Misstrauen veranlasste ihn auch, zur Kontrolle der Botschafter in Rom, Neapel und Mailand auf Staatskosten ständige Beamte zu unterhalten, die den dort residierenden Botschaftern zur Dienstleistung zur Verfügung standen, mit denen er aber besondere Verbindung unterhielt, um von allen Vorfällen unterrichtet zu sein.

[1] Florentiner Familie, deren Verschwörung gegen Lorenzo im Jahre 1478 aufgedeckt und hart bestraft wurde.

Francesco Guicciardini, Storie Fiorentine, Bari 1931, Kap. 9, zit. nach Geschichte in Quellen, Renaissance, Glaubenskämpfe, Absolutismus, München 1976 (bsv), S. 15–17

1. Stellen Sie gegenüber, wie Machiavelli die drei Staatsformen Demokratie, Aristokratie und Monarchie beurteilt. Welche sozialen und politischen Ursachen tragen zur Veränderung oder Deformation dieser Staatsformen bei? (M 1)
2. Stellen Sie Machiavellis Ratschläge thesenartig zusammen und führen Sie hierzu eine Pro-contra-Debatte. (M 2)
3. Informieren Sie sich über Girolamo Savonarola. Stellen Sie gegenüber, welche Leitgedanken dieser Bußprediger, welche Machiavelli vertritt und diskutieren Sie diese. Überlegen Sie, ob diese Gegenüberstellung auch eine aktuelle Relevanz besitzt. (M 3)
4. Untersuchen Sie den Text von Guicciardini: Welche Fragestellung verfolgt er, welches Problem versucht er zu beantworten? (M 4)
5. Welche sozialen Gruppen nimmt der Historiker Guicciardini in den Blick, welche blendet er aus? (M 4) Versuchen Sie aus zeitgenössischer wie heutiger Perspektive den historiographischen Ansatz von Guicciardini zu bewerten.

7.0 Zeitalter des naturwissenschaftlichen Aufbruchs?

Wissenschaft in Mittelalter und Neuzeit

Seit der Zeit der Renaissance und des Humanismus wird das Mittelalter als „finstere Epoche" bezeichnet. Heute wissen wir, dass diese negative Bewertung abwegig und weithin unzutreffend ist, denn auch im Mittelalter blieben die Uhren nicht stehen und wurde nicht nur antikes Wissen – etwa in Klosterbibliotheken – kopiert und gespeichert, sondern auch reflektiert und genutzt.
Seit der Zeit des Humanismus rückten die antiken Texte wieder stärker in die Wahrnehmung der Gebildeten. Nach der Eroberung Konstantinopels (1453) wanderten viele Gelehrte aus dem Byzantinischen Reich nach Westeuropa aus und brachten dabei zahlreiche Handschriften mit. Diese beflügelten neben den bereits bekannten Texten die europäische Humanistenwelt. Man entdeckte in ihnen eine stärkere Diesseitsorientierung und neue Menschenbilder.

Beim Wissenstransfer von der Antike zur Frühen Neuzeit spielte auch der Austausch etwa mit dem muslimischen Spanien oder Sizilien eine große Rolle, immerhin war der Kulturkontakt des christlichen Europa zu den orientalischen Völkern keinesfalls immer nur feindselig, häufig gab es produktive Austauschprozesse. Ins Arabische übersetzte antike Texte wurden nun ins Lateinische „rückübersetzt". Auf diese Weise erlangten europäische Gelehrte Kenntnisse von der antiken Medizin, Botanik, Mathematik, Geometrie und Philosophie. Für schwer übersetzbare Begriffe beließ man es bei dem arabischen Ausdruck, so dass viele „deutsche" Begriffe einen arabischen Ursprung haben.

Admiral
Alabaster
Albatros
Alchemie/Chemie
Aldehyd
Algebra
Algorithmus
Alkali/alkalisch
Alkohol
Almanach
Amalgam
Amulett
Anilin
Antimon
Aprikose
Araber (Pferderasse)
Arabeske
Arsenal

Artischoke
Atlas
Azur (blau)

Baldachin
Balsam
Banane
Barde
Barchent (Stoff)
Barock
Beize
Berberitze
Bluse
Bohne
Borretsch

Cafe
Calium

Chiffon
Conditorei

Damast
Dame-Spiel
Diwan
Droge
Druse

Eden
Elixier
Esdragon

Fakir
Fanfare
fata morgana
Fellache
Fries

Künstler und Techniker – der uomo universale

Leonardo da Vinci war nicht nur Künstler, Maler, Architekt, sondern auch Techniker und Ingenieur, Anatom und Alchemist, diese Berufe und Qualifikationen waren in der Renaissance noch nicht klar voneinander getrennt. Wurde ein Künstler von einem Fürsten oder einer Stadt engagiert, musste er durchaus bautechnische, fortifikatorische (verteidigungstechnische) Qualifikationen vorweisen wie architektonische oder gar chemische. Der Handwerker und oder Künstler musste die verschiedenen Materialien und deren Eigenschaften ebenso kennen wie über ihre Bearbeitungstechniken kundig sein, sich mit Geometrie, Mechanik oder Hydraulik auskennen und über die großen antiken Vorbilder verfügen, die man erreichen oder gar übertreffen wollte.

Wie kaum ein anderer verkörperte Leonardo da Vinci dieses Ideal, er entwickelte eine Vielzahl von Skizzen und Entwürfen für raffinierte Maschinen, aber – darin liegt auch seine Tragik begründet – es lag weniger an den begrenzten finanziellen Möglichkeiten, es fehlten oft die Kraftquellen, über die die damalige Zeit noch nicht verfügte, es fehlten noch genauere naturwissenschaftlich-technische Voraussetzungen, die erst Jahrhunderte später entwickelt wurden, um diese Ideen auch praktisch realisieren zu können. Wahrscheinlich dachte Leonardo noch gar nicht daran, seine Ideen oder Erfindungen ökonomisch zu nutzen. Eher ging es ihm um die exakte Naturbeobachtung und das Herausfinden, wie die Dinge, auch die „Maschine Mensch", funktionierte. Dem dienten auch das heimliche Sezieren von Leichen, um den menschlichen Körperbau präzise darstellen zu können. – Von einer medizinischen Nutzanwendung waren die Erkenntnisse der Anatomen der Renaissance, etwa eines Andreas Vesalius, noch weit entfernt.

7.1 Handwerker – Naturwissenschaftler – Künstler

Einer der bekanntesten „Erfinder" der Renaissance ist Leonardo da Vinci (1452–1519). Viele seiner Erfindungen scheinen spätere Entwicklungen vorwegzunehmen. Das „Genie" Leonardo war aber kein Einzelfall, viele andere können ihm zur Seite gestellt werden, die eine ebenso spektakuläre Biografie wie vielseitige Kenntnisse und Begabungen vorweisen können.

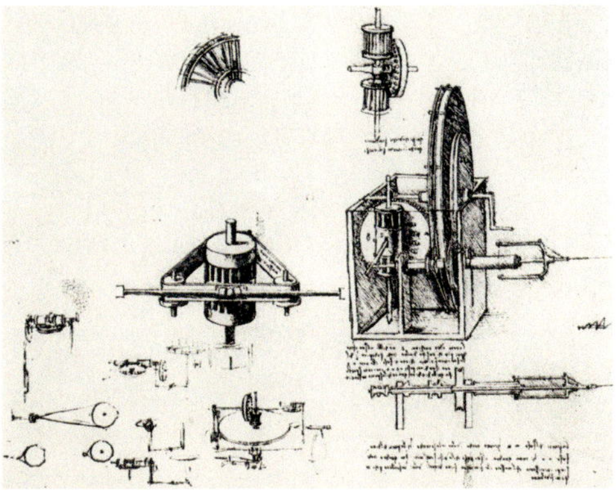

Leonardo da Vinci: Spinnmaschine

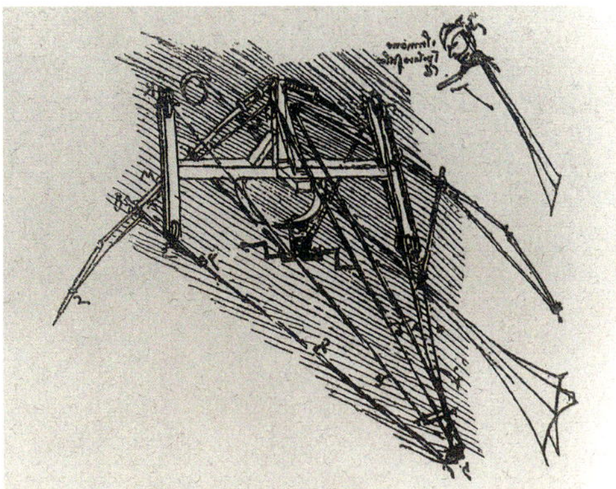

Leonardo da Vinci: Flugmaschine

MATERIAL
1 Leonardo da Vinci über die Gewinnung neuer Erkenntnisse

Man sagt, dass die Erkenntnis, die von der Erfahrung erzeugt wird, rein handwerksmäßig sei und nur diejenige wissenschaftlich, die im Geist entsteht und endet, und auf halbem Weg zwischen Wissenschaft und Handwerk diejenige, die aus der Wissenschaft entsteht und im Werk der Hände endet. Doch scheint mir, dass jene Wissenschaften eitel und voller Irrtümer sind, die nicht geboren wurden aus der Erfahrung, der Mutter jeder Gewissheit, oder nicht in einer bekannten Erfahrung enden, das heißt solche, bei denen weder Ursprung noch Mittelweg noch Ende durch irgendeinen der fünf Sinne hindurchgehen. Und wenn wir an der Gewissheit aller Dinge, die durch die Sinne gehen, zweifeln, um wie viel mehr müssen wir an den Dingen zweifeln, die diesen Sinnen aufsässig sind, wie etwa die Wesenheit Gottes und der Seele und Ähnliches, worüber man streitet und kämpft; denn wahrlich, es geschieht, dass immer, wo die Vernunft ausbleibt, das Gezänk einspringt, was bei den Dingen, die gewiss sind, nicht geschieht. […] Also, ihr Forscher, traut nicht den Autoren, die sich nur vermittels der Einbildungskraft zu Dolmetschern zwischen Natur und Mensch haben machen wollen, sondern einzig denen, die nicht auf Grund der Zeichen der Natur, vielmehr durch die Ergebnisse ihrer Versuche den Geist geübt haben.
Keine menschliche Untersuchung kann als wahre Wissenschaft bezeichnet werden, wenn sie nicht durch mathematische Beweise geht, und wenn du behaupten solltest, dass die Wissenschaften, die im Verstand beginnen und enden, irgendwelche Wahrheit enthalten, so kann man das nicht zugeben, sondern man muss es aus vielen Gründen leugnen, hauptsächlich weil in solchen Beweisführungen keine Erfahrung enthalten ist, ohne die es keine Gewissheit gibt.

Hagen Schulze/Ina Ulrike Paul (Hrsg.), Europäische Geschichte. München (bsv) 1994, S. 662 f.

MATERIAL
2 Herfried und Marina Münkler über das Ideal des Universalgenies der Renaissance

Im Renaissanceideal des uomo universale, des umfassend gebildeten und allseitig tätigen Menschen, haben spätere Zeiten immer wieder den grandiosen Entwurf der vollen Entfaltung menschlicher Möglichkeiten gesehen. Dieser Entwurf war gegen die Einschränkungen und Spezialisierungen gerichtet, wie sie im spätmittelalterlichen Zunftwesen der europäischen Städte festgeschrieben waren, und er war noch nicht mit der Tatsache konfrontiert, dass die sozio-ökonomische Dynamik einer von zünftigen Regelungen befreiten Gesellschaft zu neuen Spezialisierungen führen würde, die letztlich weitreichender und enger waren als die des Zunftwesens. Aufkommen und Verbreitung des Uomo-universale-Ideals in der Renaissance lassen sich also mit deren Scharnierstellung zwischen zwei epochalen Formen der Organisation der Arbeit erklären: Die Restriktionen der alten Zunftordnung hatten ihre Bedeutung verloren, aber die Einschränkungen, die aus der neuen Arbeitsorganisation resultierten, waren noch nicht sichtbar.
Gegen die Segmentierung der Tätigkeiten hält das Ideal des uomo universale an der Möglichkeit fest, praktisches Können und theoretische Reflexion in einer Person miteinander zu verbinden, und zwar nicht bloß auf einem seinerseits speziellen Gebiet, sondern in Durchbrechung dessen, was gewöhnlich Arbeitsteiligkeit genannt wird. Dabei wurden von der freilich nur individuellen und nicht gesellschaftlichen Überwindung der Spezialisierung nicht allein der ideale Mensch, sondern auch ein Impuls für die gesellschaftliche Entwicklung erwartet: Der uomo universale sollte durch neue Ideen und Erfindungen das Leben erträglicher und angenehmer gestalten. Die Beispiele, auf die als Verwirklichungen dieses Renaissanceideals immer wieder verwiesen wird, zeigen freilich, dass dabei stärker die Innovationserwartung als die Perspektive einer harmonisch-umfassenden Entwicklung des Menschen realisiert worden ist. So ist es, wie das Beispiel Leonardo da Vincis oder Michelangelos zeigt, nicht zu einer harmonischen Ergänzung

unterschiedlicher Fähigkeiten gekommen, vielmehr mussten die damit verbundenen Widersprüche in der Person des uomo universale selbst ausgetragen werden. Leonardo hat darauf mit dem Rückzug ins Grüblerische und Eigenbrötlerische reagiert, so dass Vasari in seinen Künstlerviten die Behauptung aufstellen konnte, der Künstler in Leonardo sei durch den Forscher und Erfinder an der Entwicklung gehindert und zuletzt gänzlich zum Verstummen gebracht worden. Demgegenüber hat Michelangelo diese Gegensätze stärker nach außen ausgelebt und ist mit seinen Förderern und Freunden immer wieder in Konflikte geraten. So liegt die Vermutung nahe, dass das hohe Maß an Gewaltexpressivität, das bei zahlreichen Vertretern der Hoch- und Spätrenaissance typisch ist – am stärksten sicherlich bei dem in mehrere Totschlagsdelikte verwickelten Benvenuto Cellini –, auch eine Reaktion auf die mit dem Ideal des uomo universale verbundenen Produktivitäts- und Kreativitätserwartungen war.

Herfried und Marina Münkler: Lexikon der Renaissance. München (Beck) 2005, S. 394–396

MATERIAL

Biografie des Georgius Agricola 3

Georg Pawer (oder Bauer) wurde 1494 in Glauchau geboren, ein Professor aus Leipzig ermunterte ihn später dazu, seinen Namen – dem Geist der Zeit entsprechend – zu latinisieren. Er wurde als zweites von sieben Kindern geboren, sein Vater war Färber und Tuchmacher.

Georg studierte in Leipzig (1514–1518) die alten Sprachen. Sein Lehrer protegierte ihn, sodass er 1518 in Zwickau Konrektor und bald darauf Rektor der Ratsschule wurde, wo er dann einen neuen Schultypus förderte, der neben den alten Sprachen Latein, Hebräisch und Griechisch auch in so prosaischen Bereichen wie Wein- und Ackerbau, Mathematik, Medizin und Militärwesen unterwies.

Agricola studierte weiterhin Medizin in Leipzig, ferner an den berühmten Universitäten in Bologna und Padua. Er heiratete 1527 (man beachte das Heiratsalter!) in Chemnitz in eine vermögende Familie ein und ließ sich dort als Arzt und Apotheker nieder. Dort wurde er viermal zum Bürgermeister gewählt. Als Wissenschaftspublizist arbeitete er in den Bereichen Pharmazie, Alchemie, Pädagogik, Philologie, Geowissenschaften und Bergbau u. a. Ähnlich wie Leonardo kannte sich der junge Mann auch in vielfältiger Weise in technischen wie nützlich-praktischen Bereichen gut aus. Seine Arbeiten wurden – dank des Buchdrucks – rasch Bestseller, vor allem seine Studien zu den Verfahren der Erzfindung und -verarbeitung. Agricola profilierte sich rasch als Experte für humanistische Studien ebenso

Holzschnitt einer Kettenpumpe aus: De Re Metallica *von Agricola, zuerst 1556 in Basel*

wie als Techniker, der auch und gerade an der Lösung technisch-praktischer Fragen zumal des Hüttenwesens und des Bergbaus interessiert war. Er starb in Chemnitz im Alter von 61 Jahren. Seine Arbeiten zur Metallkunde, Bergbau und Hüttenwesen wurden häufig nachgedruckt und auch in andere Sprachen übertragen.

Während also der durchaus rational denkende, an pragmatischen technischen Lösungsmodellen orientierte Agricola auch an Lebewesen wie Drachen und Kobolde im Erdinnern glaubte, waren andere Entdecker der Renaissance nicht minder beherrscht von heute ebenso völlig abwegigen, irrationalen Obsessionen. In der Renaissance erlebte nicht nur die Alchemie, sondern auch die Astrologie ihren Scheitelpunkt. Nahezu alle bedeutenden Astronomen betrieben ihre Sternenforschung zugleich als Astrologie, beherrscht von dem Gedanken, dass die Geheimnisse des Makrokosmos zugleich den Mikrokosmos bestimmen würden. Die „rationalen" Naturwissenschaftler wie Galileo Galilei; Kopernikus oder Keppler huldigten dieser „ganzheitlichen" Vorstellung einer Entsprechung zwischen Makrokosmos und Mikrokosmos und entwickelten sich ihre individuellen Horoskope, die wir heute milde als Hokuspokus belächeln.

Auch Kolumbus war nicht frei von derartigen irrationalen Spekulationen. Seine Entdeckungsreisen folgten sowohl rationalen wie – aus heutiger Sicht – zutiefst irrationalen Spekulationen.

Autorentext

MATERIAL

4 Der Wissenschaftshistoriker John Desmond Bernal zur Aufwertung von Handwerkern und Gelehrten

Die Renaissance war eine unruhige, aber hoffnungsvolle Periode im Vergleich zu der Trostlosigkeit der späten klassischen Epoche und der Resignation des darauffolgenden Zeitalters des Glaubens. Man befasste sich weniger mit dem zukünftigen und mehr mit dem diesseitigen Leben; das Interesse zeigte sich in dem raschen Aufschwung der weltlichen Künste, der Malerei, der Dichtung und der Musik. In jeder Ausdrucksform entwickelte sich ein neuartiges und offenes Bekenntnis zu den körperlichen Freuden. [...] Theoretisch waren die Menschen frei und hatten gefährliche Gedanken; in Wirklichkeit konnten es sich aber nur wenige leisten, so zu leben. Dieses Leben war nämlich teuer und musste bar bezahlt werden. Geld war wichtiger geworden als je zuvor. Als selbstverständliche Folge änderte sich jetzt auch die Einstellung zum Geldverdienen. Jedes Mittel war recht, solange es taugte: ehrbares Gewerbe und Handel, Einführung irgendeiner neuen und profitablen Vorrichtung, Erschließen einer Grube, Ausplündern von Ausländern oder Verleihen von Geld gegen Zinsen. Die Kirche mochte zwar Einspruch erheben, wenn sie aber auf ihren Einspruch bestand, war es umso schlimmer für sie, wie die Reformation bewies. Selbst die Magie erwarb sich neues Ansehen als Mittel zu Reichtum und Macht, wie die Geschichte von Faust zeigt. Tatsächlich war die Naturmagie kaum von der Wissenschaft zu unterscheiden.

Handwerker und Gelehrte kommen sich näher

Da man sie sowohl zum Geldverdienen als auch zum Geldausgeben brauchte, waren Techniker und Handwerker nicht mehr so verachtet wie im Altertum und im Mittelalter. Die der Ausschmückung und dem Prunk dienenden Künste – Malerei, Bildhauerei und Architektur –blühten; sie waren zwar weniger kolossal, aber viel origineller als im Altertum. Völlig neu war jedoch die Achtung, die den praktischen Künsten des Spinnens und Webens, der Töpferei, der Glasherstellung und insbesondere jenen Berufen entgegengebracht wurde, die dem Verlangen nach Reichtum und den Erfordernissen des Krieges Rechnung trugen, also denen des Bergmanns und des Metallbearbeiters. Die handwerklichen Fertigkeiten genossen auch deshalb in der Renaissance größeres Ansehen als im Altertum, weil sie nicht mehr von Sklaven, sondern von freien Männern ausgeübt wurden, die in gesellschaftlicher und wirtschaftlicher Hinsicht von den Machthabern

Die Legende des Doktor Faustus in einer Darstellung des 16. Jh. Georg Faust, 1480–1540 (gest. in Staufen bei Freiburg i. B.), war Schwarzkünstler, Zauberer und Quacksalber. Um 1550 wird er in einem Buch eines unbekannten Humanisten zum Gelehrten, der sich aus Wissendrang dem Teufel verschreibt. Um 1590 schreibt der englische Dramatiker Christopher Marlowe ein Theaterstück zum Thema. Ein darauf basierendes Puppentheater inspiriert Goethe zu seinem „Faust".

der neuen Gesellschaft nicht mehr so weit abstanden wie im Mittelalter. So waren z. B. im mittelalterlichen Florenz die Künstler Mitglieder niederen Grades in der hohen Gilde der Ärzte und Gewürzhändler, der Medici e Speciali; die Bildhauer standen tiefer, sie gehörten zur geringeren Gilde der Steinmetze und Maurer. Zu Beginn des 16. Jahrhunderts hatten jedoch einzelne Maler und Bildhauer die Gunst von Päpsten und Königen errungen, wenn sie auch noch häufig sehr auf Bezahlung ihrer Arbeiten drängen mussten. Die gehobene Stellung des Handwerkers ermöglichte es jetzt, das Band zwischen seinen Traditionen und denen der Gelehrten zu erneuern, das fast seit Beginn der Frühzivilisation zerrissen war. Beide konnten einen großen Beitrag leisten: der Handwerker, indem er die alten Techniken des Altertums um die während des Mittelalters entwickelten Vorrichtungen bereicherte, der Gelehrte durch die Weltauffassung, die Ideen und, vielleicht als Wichtigstes, die von den Griechen auf dem Wege über die arabische und scholastische Philosophie herrührende logische Methode der Argumentation und die neu entwickelten Rechenmethoden.

John Desmond Bernal: Sozialgeschichte der Wissenschaften. Reinbek bei Hamburg 1965, Bd. 2, S. 361 f.

1. Wie bestimmt Leonardo das Verhältnis von Handwerk und Wissenschaft neu (M 1)? Was erscheint an dieser Position revolutionär?
2. Stellen Sie zusammen, was den uomo universale kennzeichnet. Wie erklären H. und M. Münkler die Entstehung dieses neuen Ideals? (M 2)
3. Erörtern Sie: Georgius Agricola, ein uomo universale (M 3)?
4. Erläutern Sie, warum und wie es in der Renaissance zur Aufwertung des Handwerkers kam (M 4).

7.2 Neuzeitliche Wissenschaft zwischen Magie und Empirie

MATERIAL

1 Skeptische Einschätzungen der Historikerin Bea Lundt

Gerade die naturwissenschaftlichen Errungenschaften der Frühen Neuzeit werden als typisches Kriterium zur Unterscheidung dieser Phase gegenüber dem Mittelalter angeführt. An die Stelle einer aus der Theologie begründeten Weltsicht sei eine auf Experimente begründete Einsicht in naturwissenschaftliche Phänomene getreten, verbunden mit Namen wie Galilei. Seit der ‚Kopernikanischen Wende' habe sich das realistische ‚heliozentrische' Modell durchgesetzt. Die Erde wird zu einem unter vielen Planeten gesundgeschrumpft und nicht mehr als Kugel mit einem auf ihr thronenden Gott mit wallendem Bart als Mittelpunkt des Alls vorgestellt.

Ist diese Sicht nach dem Stand unseres Wissens zutreffend? Schon im 3. Jahrhundert vor Christus wird in Griechenland dieses „kopernikanische" Verständnis des Kosmos vertreten. Aristoteles aber, der im Mittelalter als Autorität in Fragen naturwissenschaftlicher Weltsicht neu entdeckt wird, teilt es nicht. Er glaubt, die Gestirne hingen an Himmelssphären. Im Zuge der Auseinandersetzungen um aristotelische Weltbilder wird 1616 ein päpstliches Edikt veröffentlicht, das die auch von Galilei vertretene „kopernikanische" Lehre des heliozentrischen Systems als mit dem biblischen Schöpfungsbericht und dem katholischen Glauben nicht vereinbar erklärt. Galilei wird aufgefordert, seine Ansichten als Hypothesen hinzustellen, nicht als gesicherte Erkenntnis. Als er in seinem Werk aber den Aristotelismus der Kirche lächerlich macht, wird das Buch verboten und Galilei erhält Hausarrest. Die „richtige" und die „falsche" Deutung der Welt existieren also nacheinander und nebeneinander und taugen nicht zur Epochenmarkierung. Der Zusammenhang zwischen Kopernikus und Galilei wird, so sieht man es heute, überinterpretiert. Einen „fundamentalen Einschnitt und einen Durchbruch der aufgeklärten wissenschaftlichen Vernunft" (Niccolò Guicciardini) anzunehmen, entspricht den Vorstellungen des 18. Jahrhunderts, das diesen Topos konstruierte: Eine nachträgliche Zuweisung also, die den Orientierungsbedürfnissen der Moderne entspricht, aber nicht der Welt der Vormoderne gerecht wird.

Bea Lundt, Europas Aufbruch in die Neuzeit 1500–1800. Eine Kultur- und Mentalitätsgeschichte, Darmstadt (WBG) 2009, S. 149 f.

Ottavio Leoni (um 1578–1630), Galileo Galilei (1564–1642), Kreidezeichnung 1624

Dargestellt wird Galilei in der Zeit seines Hausarrests. Die Augenstellung ist ungewöhnlich, sie entspricht nicht den idealen Proportionen, aber der Künstler war mehr an der Individualität des Porträtierten interessiert. Galilei erblindete später.

MATERIAL 2

Die naturmagische Auffassungen als Voraussetzung für naturwissenschaftliches Denken?

In der Renaissance spaltete sich das einheitliche naturphilosophische Weltbild. Während sich die exakten Naturwissenschaften herausbildeten, blieb eine Weltsicht erhalten, die das Universum als All-Einheit begriff. Die Philosophin Karen Gloy analysiert das ganzheitliche Denken in der Renaissance (1996):

Großen Einfluss auf die Renaissance übte okkultes, esoterisches Schrifttum aus. Hierzu gehören u. a. die Hermetischen Schriften, die aus den frühen nachchristlichen Jahrhunderten stammen [...]. Mit den Hermetischen Schriften[1] drang ein Gemisch aus platonischen, aristotelischen, plotinischen und astrologischen Elementen in die Renaissancephilosophie ein. Die Grundideen, hinter denen Platons Timaios, Aristoteles' Substanztheorie und Plotins Emanationstheorie [Weltentstehung] stehen, lassen sich wie folgt charakterisieren:

a) Das Ureine, Gott, entfaltet sich in die Vielheit und Besonderheit der Welt, indem es in Form einer substantiellen Emanation buchstäblich in die Dinge einfließt, Über die Fixsternsphäre dringt die Bewegung mit zunehmender Variation in die Planeten- und Sternsphäre und schließlich in die sublunare[2] Welt ein. Aufgrund dieses Einfließens der göttlichen Substanz und Kraft in die Dinge stellt sich das Ureine als eine Einheit dar, die alle Dinge mit Leben durchdringt und in der alle Dinge miteinander zusammenhängen.

b) Da jeder Stern eine Facette des Ureinen ist und zu jedem Stern ein Ding in der sublunaren Welt gehört, das etwas von der Kraft des Sternes und damit letztlich von der Kraft des Ureinen besitzt, resultiert eine Makro-Mikrokosmos-Analogie, welche in der Renaissancephilosophie eine eminente Rolle spielt.

c) Mit dem Herabsteigen und Eindringen der zunächst intelligibel [verstehbar, einsehbar] gedachten Weltseele in die niederen Sphären erlangt sie die mit diesen verbundenen niederen Seelenkräfte, wie Phantasie und Gedächtnis, sodann Empfindung, Begierden und vegetatives Leben. Konkret wird dies so beschrieben, dass die Seele, indem sie aus der Milchstraße und dem Tierkreis in die weiter unten befindlichen Planetensphären herabsinkt, deren Vermögen und Kräfte erlangt: im Saturn das Vermögen zu schließen, im Jupiter das Vermögen, außer sich zu wirken, im Mars die Begierden und Affekte, in der Sonne die Empfindung, Meinung und Einbildung, in der Venus den Sexualtrieb, im Merkur das Vermögen zu reden und Rede zu verstehen, im Mond endlich die Zeugungskraft. Da ferner den einzelnen Gestirnen Metalle zugeordnet sind, dem Saturn Blei, dem Jupiter Zinn usw., ergibt sich zudem eine Analogie zwischen Saturn, Blei und dem Vermögen zu schließen, zwischen Jupiter, Zinn und dem Willensvermögen usw. Auch diese Analogien sind für die Renaissancephilosophie von ungeheurer Bedeutung. [...]

Die Offenheit der Renaissancephilosophie für magische, okkulte Vorstellungen und Praktiken dürfte ursprünglich nicht aus reiner Lust am Okkulten zu erklären sein, sondern aus dem rationalen Wunsch, durch die Oberfläche der Dinge hindurch in die Tiefe zu dringen und zu erkennen, was die Welt im Innersten zusammenhält. Und dazu bedurfte es außer den sichtbaren Qualitäten, die seit der Antike auf die vier Elemente Erde, Wasser, Luft und Feuer als ihre Ursachen zurückgeführt wurden, des Ansatzes unsichtbarer, nur an ihren Wirkungen feststellbarer Eigenschaften, die aber gleichwohl das Universum beherrschen, eben jener astralen und elementarischen Kräfte. Selbst die mechanistische Naturwissenschaft hat nicht gänzlich auf unsichtbare Kräfte verzichten können, so z. B. Newton nicht auf die Gravitationskraft, freilich ohne ihr Wesen zu verstehen. Zur Erklärung bestimmter Phänomene blieb der Ansatz solcher Kräfte aber erforderlich. [...]

[1] Spätantike Texte, die religiöse Offenbarungen und Geheimlehren enthalten.
[2] Welt stofflicher Elemente und dessen, was aus ihnen gebildet wird.

Karen Gloy: Das Verständnis der Natur. Bd. 2: Die Geschichte des ganzheitlichen Denkens, München: Beck 1996, S. 14–17.

MATERIAL

3 Kopernikus (1473–1543) und das heliozentrische Weltbild

Darstellung des heliozentrischen Weltsystems um 1660. Links unten im Bild Ptolemäus, rechts unten Kopernikus

In der an Papst Paul III. gerichteten Vorrede zu seinem Werk „Über die Umdrehungen der Himmelskreise" von 1543:

Ich dachte also lange Zeit über diese Unsicherheit der überlieferten mathematischen Lehren von der Berechnung der Umdrehungen der Weltsphären nach. Dabei empfand ich allmählich Widerwillen darüber, dass den Philosophen kein einigermaßen sicheres Gesetz für die Bewegungen der Weltmaschine bekannt sein sollte, die doch um unsertwillen vom besten und genauesten Werkmeister eingerichtet wurde, während dieselben Philosophen sonst hinsichtlich der geringsten Umstände dieses Kreislaufes so gründliche Untersuchungen anstellten.
Daher machte ich mir die Mühe, die Bücher aller Philosophen, derer ich habhaft werden konnte, von neuem durchzulesen, um zu erforschen, ob einer vermutet habe, dass die Bewegungen der Weltsphären andere seien, als die Lehrer der Mathematik in den Schulen annehmen. Und in der Tat fand ich als Erstes bei Cicero, dass Hiketas der Meinung gewesen sei, die Erde bewege sich. Später entdeckte ich bei Plutarch, dass auch andere derselben Ansicht gewesen sind. […]
Das war also für mich der Anlass, über die Beweglichkeit der Erde nachzudenken. Wenn auch diese Meinung absurd erschien, glaubte ich doch, dass wenn anderen vor mir die Freiheit zugestanden wurde, alle beliebigen Kreise zur Erklärung der Erscheinungen an den Gestirnen zu ersinnen, es auch mir ohne weiteres gestattet sei, auszuprobieren, ob bei den Umdrehungen der himmlischen Kugelschalen unter der Voraussetzung irgendeiner Bewegung der Erde Beweise gefunden werden könnten, die die früheren an Überzeugungskraft überträfen.

Und so nahm ich die Bewegungen an, die ich später in meinem Werk der Erde zuschreibe und fand durch vieles und langes Beobachten schließlich Folgendes heraus: Wenn die Bewegungen der übrigen Gestirne mit der Kreisbewegung der Erde zusammengesetzt und jeweils nach der Umlaufzeit eines jeden Gestirns berechnet werden, so ergeben sich hieraus nicht nur die Erscheinungen bei jenen, sondern auch die Rangordnungen und Größen der Gestirne und aller Kreisbahnen, und der Himmel selber kommt in einen solchen inneren Zusammenhang, dass an keiner Stelle von ihm etwas verstellt werden kann, ohne seine übrigen Teile und das ganze Weltall in Unordnung zu bringen.

Zit. nach: Jürgen Hamel: Nicolaus Copernicus. Leben, Werk und Wirkung, Heidelberg/Berlin/Oxford 1994, S. 307 f.

MATERIAL

Zwischen antiken Autoritäten und neuen Fragen 4

Der angesehene niederländische Anatomielehrer Andreas Vesalius (1514–1564) sezierte Leichen, wobei er besonders nach den von dem antiken Arzt Galen beschriebenen Löchern in der Herzscheidewand suchte. Was Galen noch nicht wusste, war, dass das Herz den gesamten Blutkreislauf gleichzeitig bewegt und eine Vermischung verschiedener Blutsorten dort gerade nicht stattfinden darf.

Was die Struktur des Herzens und die Funktion seiner Teile anlangt, so habe ich meine Aussagen in den meisten Fällen mit den Lehren Galens in Übereinstimmung gebracht; nicht weil ich glaubte, dass diese in allen Punkten mit der Wahrheit übereinkämen, sondern, weil ich [...] an meinen eigenen Ansätzen immer noch zweifle. Es ist noch nicht lange her, dass ich es nicht gewagt hätte, auch nur einen Finger breit von der Meinung Galens, des Fürsten der Ärzte abzuweichen. [...] Doch die Scheidewand ist so dick, dicht und kompakt wie das ganze übrige Herz. Ich wüsste deshalb nicht, [...] auf welche Weise selbst das subtilste [= feinste] Teilchen von der rechten zur linken Herzkammer durch die Materie dieser Scheidewand transportiert werden könnte. [...] Wir müssen uns deshalb über die Kunstfertigkeit des Schöpfers wundern, die das Blut von der rechten zur linken Herzkammer durch Poren dringen lässt, die sich der Sicht völlig entziehen.

A. Vesalius: Vom Bau des menschlichen Körpers (1543), zit. nach I. B. Cohen, Revolutionen in der Naturwissenschaft, Frankfurt/M. 1994, S. 271 f.

Titelseite von Andreas Vesalius „De humani corporis fabrica libri septem" 1543
Vesalius, umgeben von der städtischen Elite, die nicht aus Büchern lernt, sondern durch Beobachtung, seziert persönlich einen Frauenkörper und verweist durch die geöffnete Bauchhöhle auf die Gebärmutter. Die Leiche scheint Vesalius anzublicken. – Das Bild suggeriert, dass der Anatom nicht den Körper zerstört, sondern dass er die sonst nicht sichtbare Großartigkeit der göttlichen Schöpfung demonstriert. Die optische Verbindung zwischen Gebärmutter und Skelett bringt zum Ausdruck, dass wir geboren sind, um zu sterben: Nascentes *morimur.*

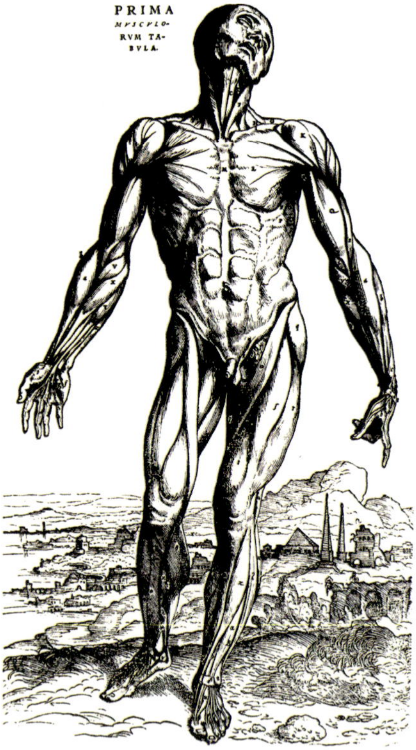

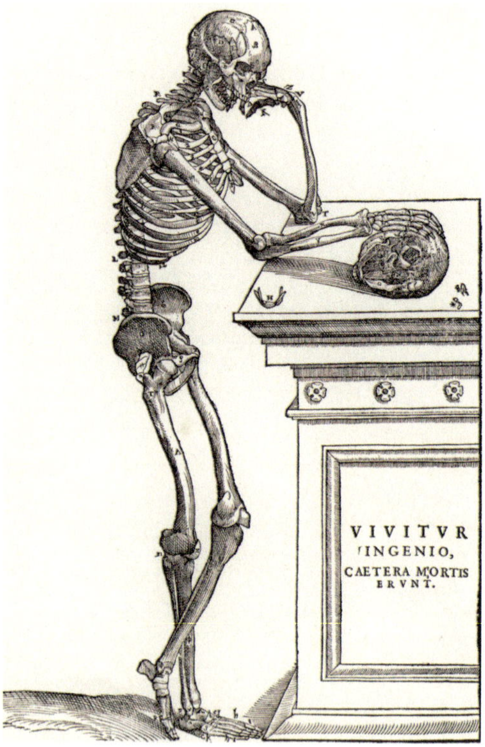

A. Vesalius: *Anatomische Studien* 1543: *Muskulatur und Skelett*

MATERIAL

5 Beschreibung des Großen Blutkreislaufs

Der Londoner Arzt William Harvey (1578–1657) hatte Vorlesungen bei Vesalius gehört und konnte später als Erster präzise den „großen Blutkreislauf" erklären. Er schreibt über die von Galen beschriebenen Löcher in der Herzscheidewand:

Da ich sowohl bekenne, dass man die Anatomie nicht aus Büchern, sondern aus Zergliederungen, nicht aus philosophischen Glaubenssätzen, sondern in der Werkstatt der Natur erlernt und lehrt [...] ist jene Meinung [noch weniger zu vertragen], die [...] behauptet, das Blut schwitze durch blinde Löcher der Herzscheidewand aus der rechten in die linke Kammer hindurch [...] und deswegen gebe es in der Herzscheidewand mehrere der Fortleitung des Blutes angepasste Löcher. Aber zum Teufel, es gibt keine Löcher, noch lassen sich solche nachweisen! Und zwar ist die Substanz der Herzscheidewand dichter und fester als irgendein beliebiger anderer Bestandteil des Körpers, ausgenommen die Knochen und Sehnen [...]. Mir für meine Person ist es wirklich wunderlich, dass man lieber einen Weg durch die dicke, harte, dichte, ganz feste Herzscheidewand schafft oder vielmehr vorgibt, als durch das offene venöse Gefäß bzw. durch die lockere, schlaffe, ganz weiche, schwammige Substanz der Lungen.

W. Harvey: Die Bewegung des Herzens und des Blutes (1628). Zit. nach R. Ritter von Töply: Klassiker der Medizin, hrsg. v. Karl Sudhoff, Leipzig 1910, S. 15, 24 f.

MATERIAL

„Ehrlichkeit der Gelehrtenwelt" 6

An späterer Stelle schreibt Harvey über seine Entdeckungen zum Blutkreislauf:

So ist dies so neu und unerhört, dass ich nicht nur zufolge der Missgunst gewisser Leute eine Unbill für mich fürchte, sondern besorgt bin, ich mache mir die ganze Menschheit zum Feind: so mächtig ist bei allen Menschen die Gewohnheit bzw. eine einmal eingesogene und tief im Boden eingewurzelte, sozusagen zur zweiten Natur gewordene Lehre, und einen solchen Zwang übt irgend eine ehrwürdige Mutmaßung des Altertums! Sei dem wie immer, der Würfel ist einmal gefallen, und meine Hoffnung ruht auf der Wahrheitsliebe und auf der Ehrlichkeit der Gesinnung der Gelehrtenwelt.

Zit. nach W. Harvey: Die Bewegung des Herzens und des Blutes (1628), Klassiker der Medizin, hrsg. v. Karl Sudhoff, Leipzig 1910, S. 53f.

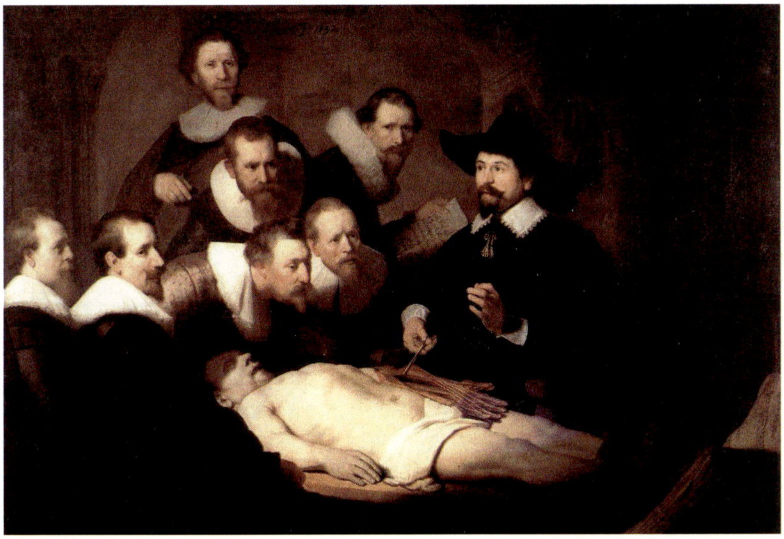

Rembrandt van Rijn (1606–1669) *Anatomische Vorlesung des Dr. Nicolaes Tulp*, 1632 (*Mauritshauis, Den Haag*)

1. Stellen Sie zusammen, wie Bea Lundt ihre Bedenken hinsichtlich einer klaren Epochenabgrenzung zwischen Mittelalter und Neuzeit begründet (M 1).
2. Versuchen Sie eine Bildbeschreibung und -analyse des Galilei-Portraits auf S. 68.
3. Erläutern Sie die Kennzeichnung „naturmagische Weltauffassung". Was erscheint daran „fortschrittlich", was vielleicht als abstrus (M 2)?
4. Erläutern Sie den Begriff „kopernikanische Wende" (M 3). Ist Kopernikus auch der Tradition verpflichtet oder nicht?
5. Erläutern Sie das Erkenntnisinteresse von Vesalius. Überlegen Sie, warum seine Einsichten zunächst medizinisch folgenlos waren. (M 4)
6. Auf welche Weise gelangt Harvey zu einer Neuinterpretation antiker anatomischer Deutungen (M 5–6)?
7. Kommentieren Sie das Phänomen von öffentlichen anatomischen Sektionen aus damaliger und gegenwärtiger Perspektive.

8.0 Zeit der Entdeckungsfahrten – Europäisierung der Welt?

Europa und Amerika

Fragt man nach den zehn wichtigsten Ereignissen der Weltgeschichte, so wird sicher die „Entdeckung Amerikas" genannt. Das ist kein Wunder, denn hier gerät ein neuer Kontinent ins Blickfeld der Europäer, der seinerseits gerade in Gestalt der USA nachhaltigen Einfluss auf die europäische Entwicklung nehmen wird. Zunächst ist es ein Meilenstein für die „Europäisierung der Welt", die erste Höhepunkte durch die Eroberung der süd- und mittelamerikanischen Großreiche erfährt und mit Afrika, Australien und Teilen Asiens später die meisten Gebiete der Erdkugel erreichen wird. Fragt man allerdings 500 Jahre später Einwohner Mittel- und Südamerikas, so hält sich bei den meisten die Begeisterung für diese Vorgänge immer noch in Grenzen.

Die Reichweite Europas ist begrenzt

Das Modell Europa wird bis ins 20. Jahrhundert großenteils mit Gewalt in alle Erdteile exportiert. Nichts scheint sich dem politischen wie wirtschaftlichen Herrschaftsanspruch der Europäer sowie ihrer technischen Überlegenheit entgegensetzen zu können. Doch der Anschein trügt. Gern wird dabei übersehen, dass sich die USA relativ schnell aus der Vormundschaft Europas befreien konnten und dass z. B. ein Staat wie Japan nie in eine dauerhafte Abhängigkeit geriet. Es sind also spezifische Bedingungen, die die europäische Expansion ermöglicht bzw. verhindert haben.

Welche Bedingungen fanden die Europäer vor?

Neben Fragen nach der waffentechnischen Entwicklung treten solche nach der Größe und damit Regierbarkeit der kolonisierten Staaten, nach ihrer spezifischen kulturellen Entwicklung, aber auch danach, ob die herrschenden Eliten Interesse an einer Zusammenarbeit mit den Europäern hatten oder nicht. Am Beispiel von Kolumbus soll im Folgenden zunächst der Vorgang der „Entdeckungen" selbst untersucht werden, bevor am Aztekenreich, einem relativ kurz vor der spanischen Eroberung entstandenen Vielvölkerstaat, und an Japan, einem recht homogenen Insel-Staat mit langer kultureller Tradition, Möglichkeiten und Grenzen der europäischen Eroberungspolitik untersucht werden.

8.1 Die Entdeckungsfahrten

Land in Sicht

„Die Leute der Karavelle ‚Pinta' erspähten ein Rohr und einen Stock, fischten dann noch einen zweiten Stock heraus, der anscheinend mit einem scharfen Eisen bearbeitet worden war; sie griffen noch ein Rohrstück auf und sahen ein kleines Brett und eine Grasart, die von der üblichen verschieden war und auf dem Lande wuchs. Auch die Mannschaft der ‚Niña' sichtete Anzeichen nahen Landes und den Ast eines Dornbusches, der rote Früchte trug. Diese Vorboten versetzten alle in gehobene,

Europäische Entdeckungen vom Mittelalter bis ca. 1650.

freudvolle Stimmung." Das notierte Christoph Kolumbus am 11./12. Oktober 1492 in seinem Bordbuch. Die Erleichterung, nach über zwei Monaten Schiffsreise über ein bis dahin unbekanntes Meer endlich in der Nähe von Land zu sein, spricht aus den Zeilen. Kolumbus hatte etwas ziemlich Verrücktes getan: Er wollte den fernen Osten der Erde erreichen, indem er andersherum fuhr. Nun näherte sich die Expedition scheinbar ihrem Ziel, der Vollendung des Seewegs nach Indien, der seit Mitte des 15. Jahrhunderts gesucht wurde.

Nautische und navigatorische Aspekte

Bis ins hohe Mittelalter hinein segelten Schiffe in der Regel gleichsam „auf Sicht", das heißt sie orientierten sich durch landgestützte Beobachtungen. Die nautischen Kenntnisse und damit die Navigationsmethoden haben sich im ausgehenden Mittelalter beträchtlich erweitert. Wenige Jahre vor Kolumbus berühmter „Indienreise" erschienen die Ephemeriden (Sterntafeln) des Regiomontanus. Sie erleichterten oder ermöglichten die Entdeckungsfahrten von Kolumbus und anderen Seefahrern. Der Kompass war bereits bekannt, von großer Bedeutung waren weiterhin das Astrolabium (um 1480) zur Breitenbestimmung, die astronomischen Tafeln und die Ortsbestimmung durch die allerdings etwas unsichere Koppelnavigation. Hierbei muss die Bewegungsrichtung eines bewegten Objektes (eines Schiffes oder Flugzeugs) mit der Geschwindigkeit sowie der Fahrtzeit korreliert werden. Die Fehlweisung des Kompass (Missweisung und Deviation) wurde durch die Beobachtung des Polarsternes korrigiert. Die geografische Breite konnte auf See auf 1 Grad genau bestimmt werden, das konnte aber einen Fehler von etwa 100 km ausmachen. Im Mittelmeer war es möglich, Häfen mit Hilfe des Kompasskurses anzusteuern, auf hoher See war das nicht gegeben, zumal eine Längenbestimmung zur See nicht möglich war und die Stromversetzung (durch Wind oder Strömung) nicht ermittelt werden konnte.

Eine zufällige Entdeckung

Wirtschaftliche, machtpolitische und mentalitätsgeschichtliche Motive hatten dazu geführt, neue Wege zu den fernöstlichen Ländern zu suchen, als Kolumbus seine Fahrt nach Westen antrat. Dass dort Land lag, welches im hohen Norden gar nicht so weit entfernt war von Europa, hatten zwar schon die Wikinger um 1000 entdeckt, doch das war längst in Vergessenheit geraten. Dass Kolumbus diesen Kontinent nun zufällig wiederentdeckte, ist für die weitere historische Entwicklung von enormer Bedeutung, auch wenn es zunächst nur ein Nebenprodukt seines Unternehmens war. Die historische Rekonstruktion der Zusammenhänge aus der Perspektive unserer Gegenwart ist das eine, doch wie sah die Sicht der Zeitgenossen aus? Welche Bedingungen und Ziele sind aus den zeitgenössischen Quellen zu ermitteln? Wie veränderte sich das Verhältnis zwischen Spanien und Portugal? Welche Beziehung wurde zu den Völkern im Westen aufgebaut, von denen man doch annahm, dass es sich um Hochkulturen wie in Indien, Japan oder China handelte? Welche historische Bedeutung erlangte der neu entstandene Kulturkontakt?

Das Astrolabium diente der Bestimmung der geografischen Breite auf See. Aus der arabischen Welt sind Astrolabien seit dem 10. Jahrhundert erhalten. Im 15. Jahrhundert wurden sie über Italien den Europäern bekannt. Hier ein Exemplar von 1490.

MATERIAL

Koggen und Karavellen 1

Die Kogge des Hochmittelalters war in Europa weit verbreitet. Rekonstruktionszeichnung nach dem Eblinger Siegel von 1350.

Das Flaggschiff des Columbus, von ihm la Galega oder einfach la nao genannt, bekam später den Namen Santa Maria und war eine Karavelle.

MATERIAL

Neue Wege nach Fernost? Rahmenbedingungen der Kolumbusfahrt 2

1453 hatten die Osmanen unter Mehmet II. Konstantinopel erobert. Kurz darauf fielen auch Mistra (1461) und Trapezunt (1462). Damit war der Weg westeuropäischer, christlicher Kaufleute nach Asien über den Bosporus und die Seidenstraße empfindlich gestört. Fieberhaft suchten die Seefahrerstaaten nun nach Alternativen auf dem Seeweg. Die Zeit der so genannten „Entdeckungen" begann. Der Vertrag von Alcacovas (1479), in dem Kastilien und Portugal ihre Interessensphären im Atlantik absteckten, verschaffte Portugal zunächst Vorteile. Kastilien behauptete sich auf den Kanaren, für die es den Portugiesen das Monopol im Handel mit Guinea und allen weiteren Entdeckungen in Afrika überließ. Zugleich wurde durch diesen Vertrag aber die (damals noch nicht entdeckte) Südostpassage nach Indien um das Kap der Guten Hoffnung herum zu einer portugiesischen Domäne. Prinz Heinrich der Seefahrer zog in Portugal die besten Nautiker zusammen und förderte mit allen Mitteln das Unternehmen, einen Seeweg nach Indien zu entdecken. Dabei entstand ein hochseetauglicher Schiffstyp, die Karavelle. Sie ließ sich erheblich besser manövrieren als die mittelalterlichen Schiffe und konnte durch ihre drei Masten und Takelage höhere Geschwindigkeiten erreichen.
Bartolomeu Dias umfuhr 1487/88 als erster Europäer das Kap der Guten Hoffnung. Damit verschaffte sich Portugal im Ostindienhandel einen großen Vorsprung vor Kastilien.
Doch das wirtschaftlich prosperierende Spanien gewann an Selbstvertrauen. Nach der staatlichen Einigung wurden 1492 die letzten Muslime auf der Iberischen Halbinsel besiegt, und die spanischen Könige Isabella und Ferdinand beauftragten noch im gleichen Jahr den Seefahrer Cristóbal Colón, den Osten über den Westen zu erreichen. Geografische Voraussetzung für diesen kühnen Plan war, dass sich in Fachkreisen gegen allen kirchlichen Widerstand ein heliozentrisches Weltbild mit der Erde in Kugelgestalt durchgesetzt hatte. Dennoch bedurfte es ungeheurer Kühnheit und der Neugier der Renaissancemenschen, um diesen Plan umzusetzen und ins Unbekannte zu segeln.

Autorentext

MATERIAL

3 In den fernen Osten kommt man am besten, wenn man nach Westen fährt

Der Florentiner Paolo Toscanelli (1397–1482) war Mathematiker, Physiker, Arzt, Geograf, Philosoph, Astronom, aber auch der Astrologie nicht ganz abgeneigt. Er galt als einer der führenden Mathematiker seiner Zeit. Nach Studien in Padua verließ er seine Heimatstadt Florenz kaum jemals, unterhielt aber eine rege Korrespondenz mit vielen europäischen Prominenten aus Kunst und Wissenschaft. Am 25. Juni 1474 schreibt er an den portugiesischen Geistlichen Fernan Martins:

Dem Kanonikus Ferdinand Martins zu Lissabon sendet der Physiker Paolo seinen Gruß. Mit Vergnügen habe ich gehört, dass du mit eurem edlen, hochherzigen König so vertraut bist. Über den kürzesten Weg von hier nach Indien, wo die Gewürze wachsen (denn der Seeweg ist kürzer als der, den ihr nach Guinea nehmt), habe ich schon oft gesprochen. Du sagst mir, dass Se. Majestät von mir einmal eine Erklärung und einleuchtende Darlegung wünscht, dass und wie man diesen Weg einschlagen kann. Wenngleich ich überzeugt bin, dass man dies auf einem Globus zeigen sollte, so will ich dennoch der geringeren Mühe und des besseren Verständnisses wegen den Weg auf einer Karte erläutern, die den Seekarten ähnelt. Ich sende deshalb Sr. Majestät eine eigenhändig gezeichnete Karte. Auf ihr ist der ganze Westen der bewohnten Welt von Irland bis nach Guinea eingetragen nebst allen Inseln, auf die man unterwegs trifft. Ihnen gegenüber im Westen ist der Anfang von Indien mit den Inseln und Orten gezeichnet, wohin ihr euch nach dem Äquator wenden könnt und in welcher Entfernung, das heißt in wie viel Meilen ihr zu diesen Gegenden kommen könnt, die alle möglichen Gewürze, Edelgestein und Geschmeide in Fülle bergen. Und wundert euch nicht, dass ich die Teile, wo die Gewürze wachsen, Westen nenne, da man doch gewöhnlich sagt, sie befänden sich im Osten. Gerade (senkrechte) Linien, in der Längenausdehnung der Karte gezeichnet, zeigen die Abstände von Osten nach Westen an; die andren, die quer hindurchgehen, stellen die Entfernungen von Süden nach Norden dar. Auch habe ich in die Karte viele Orte der indischen Länder eingetragen, in die man sich begeben könnte, falls irgendein unvorhergesehener Zufall, wie Sturm oder widrige Winde, eintritt, und auch um über alle diese Gegenden gut zu unterrichten, was umso erfreulicher sein muss. Vernehmt auch, dass auf allen diesen Inseln Kaufleute leben und verkehren. Es soll dort eine ebenso große Menge von Schiffen, Matrosen und Kaufleuten nebst Waren geben wie nur irgendwo sonst in der Welt, zumal in einem sehr bedeutenden Hafen Zaiton[1], wo sich jährlich 100 große Schiffe mit Pfeffer befrachten, ungerechnet die vielen andren Schiffe, die sonstige Gewürze laden. Dieses Land ist sehr dicht bewohnt, und es gibt dort viele Provinzen und viele Königreiche und zahllose Städte unter der Herrschaft eines Fürsten, der sich Großkhan nennt, was in unsrer Sprache soviel heißt wie: König der Könige. Seinen Sitz hat er meistens in der Provinz Cathay[2]. Seine Vorfahren wünschten lebhaft, mit Christen in Verbindung zu treten. [...] Auch zum Papst Eugen[3] kam ein Gesandter und berichtete von der großen Freundschaft, die sie den Christen entgegenbrächten. Mit ihm habe ich mich oft unterhalten über vielerlei Dinge, über die Größe der königlichen Gebäude, über die Größe der Flüsse nach ihrer ungeheuren Länge und Breite, über die große Zahl von Städten, die dort an ihren Ufern liegen, dass sich an einem Flusse 200 Städte befinden, dass es dort sehr große und breite Marmorbrücken gibt, die mit vielen Marmorsäulen geschmückt sind. Dieses Land verdient mehr als jedes andre, dass man es aufsucht; man kann dort nicht nur sehr großen Gewinn machen und viele Dinge bekommen, sondern es gibt auch Gold, Silber, Edelsteine und alle nur denkbaren Gewürze in reicher Menge, wie nirgendwo bei uns. Es ist richtig, dass weise und gelehrte Männer, Philosophen und Astrologen und andre große Gelehrte, die in allen Künsten bewandert sind, das herrliche Land regieren und die Schlachten schlagen.

Von der Stadt Lissabon sind es auf der Karte gerade nach Westen 26 Abschnitte, jeder 250 Meilen breit, also nahezu ein Drittel des Erdumfangs, bis zu der ansehnlichen, großen Stadt Quinsay[4], die einen Umfang von 100 Meilen oder 25 leguas hat und in der sich zehn Marmorbrücken befinden. Der Name dieser Stadt bedeutet in unsrer Sprache soviel wie „Stadt des Himmels“. Von ihr erzählt man Wunderdinge, so von der großen Geschicklichkeit ihrer Gewerbetreibenden und von ihren hohen Einkünften. Der Abstand bis dorthin beträgt nahezu den dritten Teil des Erdumfangs. Die Stadt liegt in der Provinz Mangi nahe der Landschaft Cathay, wo sich der König meistens aufhält.

Und von der Insel Antilia, die ihr Insel der sieben Städte nennt, von der wir Kunde haben, sind es bis zu der berühmten Insel Cipango[5] zehn Abschnitte, das heißt 2500 Meilen oder 625 leguas. Diese Insel ist sehr ergiebig an Gold, Perlen und Edelsteinen. Man bedeckt dort die Tempel und königlichen Gebäude mit reinem Gold.

[1] Zaiton: heute Quanzhou im Südosten Chinas, Provinz Fujian
[2] Cathay: Nordchina, später Bezeichnung für ganz China
[3] Papst Eugen: Gemeint ist Papst Eugen IV., 1431–1447
[4] Quinsay: Hangzhou in der chinesischen Provinz Zheijang, die unter der mongolischen Yuan-Dynastie (1271–1368) als „Mangi“ (Südliche Barbaren) bezeichnet wurde
[5] Cipango oder Zipangu: Japan

F. Berger (Hrsg.): Christoph Columbus. Dokumente seines Lebens und seiner Reisen, Bd. 1, Leipzig (Sammlung Dieterich) 1991, S. 46 ff.

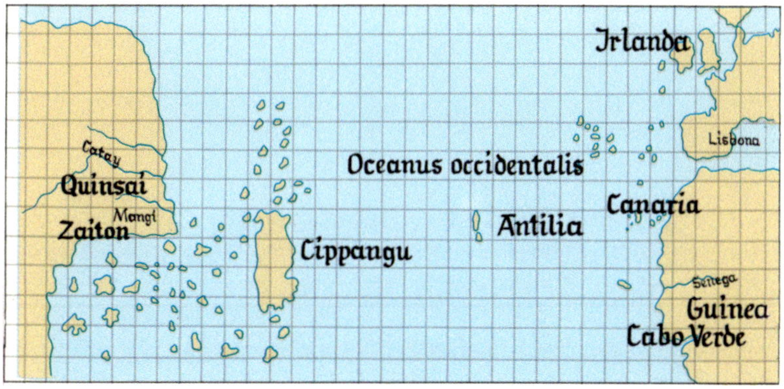

Karte Toscannellis, 1474: Cippangu = Japan; Catay = China; Quinsai = Hang-zhou; Mangi = „Südliche Barbaren“ (vgl. Fußnote 4); Zaiton = Quan-zhou.

MATERIAL

„... so gute Freunde, dass es eine helle Freude war“ 4

Nachdem seine Expedition die Insel Guanahani „entdeckt“ hat, notiert Kolumbus am 11./12. Oktober 1492:

Da rief ich Rodrigo d'Escobedo, den Notar der Armada, und Rodrigo Sanchez von Segovia, zu mir und bat sie, durch ihre persönliche Gegenwart als Augenzeugen davon Kenntnis zu nehmen, dass ich im Namen des Königs und der Königin, meiner Herren, von der genannten Insel Besitz ergreife, und die rechtlichen Unterlagen zu schaffen, wie es sich aus den Urkunden ergibt, die dort schriftlich niedergelegt wurden.

Sofort sammelten sich an jener Stelle zahlreiche Eingeborene der Insel an. In der Erkenntnis, dass es sich um Leute handle, die man weit besser durch Liebe als mit dem Schwerte retten und zu unserem heiligen Glauben bekehren könne, gedachte ich sie mir zu Freunden zu machen und schenkte also einigen unter ihnen rote Kappen und Halsketten aus Glas und noch andere Kleinigkeiten von geringem Werte, worüber sie sich ungemein erfreut zeigten. Sie wurden so gute Freunde, dass es eine helle Freude war. Sie erreichten schwimmend unsere Schiffe und brachten uns Papageien, Knäuel von Baumwollfaden, lange Wurfspieße und noch viele andere Dinge mehr, die sie mit dem eintauschten, was wir ihnen gaben, wie Glasperlen und Glöckchen. Sie gaben und nahmen alles von Herzen gern – allein mir schien es, als litten sie Mangel an allen Dingen.

nach: Friedemann Berger (Hrsg.): Christoph Columbus. Dokumente seines Lebens und Reisens, Bd. I, Leipzig (Sammlung Dieterich) 1991, S. 106

MATERIAL

5 „Wie man sie zu unserem heiligen christlichen Glauben bekehren ..."

Aus der Einleitung des Schiffstagebuchs von Kolumbus in der Abschrift von Las Casas:

Allerchristlichste, höchste, erlauchteste und großmächtige Fürsten, König und Königin der spanischen Lande und der Inseln des Meeres, unsere Herren! Nachdem Eure Hoheiten im laufenden Jahr 1492 den Krieg wider die Mauren, die in Europa herrschten, beendet und die Kampfhandlungen in der großen Stadt Granada zum Abschluss gebracht hatten, wo ich am 2. Januar dieses Jahres mit eigenen Augen sehen konnte, wie auf den Türmen der Alhambra, der Festung besagter Stadt, durch die Kraft der Waffen Eurer Hoheiten Königliche Banner gehisst wurden und wie der Maurenkönig durch das Tor der Stadt herauskam, um die königlichen Hände Eurer Hoheiten und meines Herrn Fürsten zu küssen, entsannen sich Eure Hoheiten im gleichen Monat des Berichts, den ich ihnen von den Ländern Indiens gegeben hatte und von einem Fürsten, den man den Großen Khan nennt, was in der spanischen Sprache König der Könige bedeutet, und davon, wie oft seine Vorgänger und er selbst nach Rom geschickt hatten, um in unserem heiligen Glauben unterrichtete Männer zu erbitten, auf dass sie auch darin unterwiesen würden, und dass der Heilige Vater niemals welche zu ihnen gesandt hatte, weshalb so viele Völker verlorengingen, weil sie dem Götzendienst huldigten und verderbten Sekten Eingang bei sich verschafften; und Eure Hoheiten beschlossen als katholische Christen und Fürsten, die den heiligen christlichen Glauben lieben und ihn verbreiten und folglich der Sekte Mahomets und jedem Götzendienst und jeder Ketzerei feindlich gesonnen sind, mich, Christoph Columbus, nach den erwähnten Gebieten Indiens zu entsenden, um besagte Fürsten und Völkerschaften und Länder, ihre Beschaffenheit und alles übrige in Augenschein zu nehmen nebst der Art und Weise; wie man sie zu unserem heiligen christlichen Glauben bekehren könne; und sie verfügten, dass ich nicht auf dem Landweg gen Osten reiste, der üblicherweise benutzt wird, sondern auf dem westlichen Wege, den, wie wir ganz sicher wissen, bis auf den heutigen Tag niemand eingeschlagen hat. Und so sandten mich Eure Hoheiten, nachdem sie alle Juden aus ihren Reichen und Herrschaftsgebieten vertrieben hatten, im gleichen Monat Januar mit hinlänglich großer Flotte aus, dass ich nach den erwähnten Gegenden Indiens segelte; und sie erwiesen mir dafür große Gnade, sie erhoben mich in den Adelsstand, so dass ich von nun an den Titel Don vor meinen Namen setzte, und ich sollte Großadmiral des Ozeans und Vizekönig und ständiger Gouverneur des festen Landes sein und aller Inseln, die ich entdeckte und gewönne und die fürderhin im Ozean entdeckt und gewonnen würden, und mein ältester Sohn sollte mir in diesem Amte folgen, und so sollte es von Generation zu Generation auf ewig fortdauern; und so fuhr ich am Samstag, dem zwölften Mai desselben Jahres 1492 von der Stadt Granada ab: Ich erreichte die kleine Stadt Palos, einen Seehafen, allwo ich drei für eine solche Aufgabe bestens geeignete Schiffe ausrüstete; und am dritten August des gleichen Jahres, an einem Freitag, eine halbe Stunde vor Sonnenaufgang, fuhr ich wohlversehen mit vielfältigen Vorräten und zahlreichen Seeleuten von besagtem Hafen ab; ich nahm Kurs auf die Kanarischen Inseln, die Euren Hoheiten unterstehen und die in dem erwähnten Ozean liegen, um von dort aus meine eigentliche Fahrtroute einzuschlagen und so lange zu segeln, bis ich Indien erreicht haben würde, um jenen Fürsten die Botschaft Eurer Hoheiten zu überbringen und so zu erfüllen, was sie mir anbefohlen hatten; und daher fasste ich den Vorsatz, während der ganzen Reise mit größter Sorgfalt und Tag für Tag alles aufzuschreiben, was ich täte, was ich sähe und was sich zutrüge, wie man es im Folgenden sehen wird. Und außer dass ich in jeder Nacht beschreiben werde, was sich am Tag zugetragen hat, und an jedem Tag, wie weit ich des Nachts gesegelt bin, habe ich, meine fürstlichen Herren, die Absicht, eine neue Seekarte anzufertigen, in die ich das ganze Meer und alle Landgebiete, die im Ozean liegen, einzeichnen will. [...]

Christoph Columbus: Schiffstagebuch, Köln (Pahl-Rugenstein) 1989, S. 5 ff.

MATERIAL
Phantastische Logiken 6

Und sogar noch auf seinen beiden letzten Reisen, als dem sich immer tiefer in Zwangsvorstellungen verstrickenden Columbus die weltanschaulichen wie die kolonialpolitischen Begleiterscheinungen seiner Entdeckungen längst über den Kopf gewachsen waren, hielt für ihn trotz gelegentlicher sachter Zweifel sein antik-mittelalterlich-mythologisches Weltbild, in das er sich so unentrinnbar hineingesteigert hatte, unvermindert weiter an. Während andere aus seiner Begleitung und seinem Berufsmilieu längst zu Conquistadoren, Goldgräbern, Leuteschindern und Raubmördern geworden waren, die sich keinen Deut um kosmographische Fragen kümmerten, hing er immer noch seinen amateurwissenschaftlichen Träumereien nach und redete in seinen offiziellen Eingaben immer wieder von (eingebildeten) riesenhaften Goldlagern – sicher auch deshalb, weil er sich bewusst oder unbewusst den Hofstellen und der Öffentlichkeit gegenüber unter dem Druck eines Erfolgszwanges fühlte und – mit Recht – befürchten musste, nicht weiter gefördert, ja fallengelassen zu werden, wenn bei seinen Entdeckungen keine neuen, größeren Goldfundstätten mehr ans Licht kämen. In geografischer Hinsicht war er nun davon überzeugt, dass der ihn verwirrende Verlauf der jäh nach Osten vorspringenden „chinesischen" Küsten (wie er sie in Cuba vor sich zu haben glaubte) schließlich doch wieder nach Süden „zurückbiegen" müsste. [...]

Somit war also, der Logik der Phantasie folgend, für Columbus die diesmalige Stoßrichtung der Erkundungen auf jenen noch unentschleierten (von Spanien aus südwestlichen) äquatorialen Teil der Erde abgezielt, und es war auch kein Wunder, wenn ein Mann, der sich stets in solchem Maße von vorgefassten Lehrmeinungen leiten ließ, nun annehmen konnte, er sei als ein „Beauftragter Gottes" bei jener im spirituellen wie auch im substantiellen Sinne himmelragenden Erhebung der Erdoberfläche angelangt. [...] Alte Legendenstoffe, neu aufgegriffen und weiterentwickelt, inspirierten so im Verein mit wunderlich geografischen Spekulationen die sonderbare Lehre von einer Ausbuchtung der Erdkugel. Ihr sollte übrigens symmetrisch in der Mitte der östlichen Hemisphäre (im Arabisch-Persischen Meer unter dem Äquator) eine andere Ausbuchtung entsprechen, deren höchste Erhebung die durch die arabische Kosmographie geisternde, unheimliche Sageninsel „Arin" wäre, auf der sich das düstere, kuppelgekrönte Schloss des Teufels und des Hofstaats seiner dienstbaren Geister erhöbe. [...] Im Übrigen bestätigte auch diese Reise wieder alle geografischen Vorurteile der früheren.

Günther Hamann: Christoph Columbus zwischen Mittelalter und Neuzeit, in: Grete Klingenstein u. a. (Hrsg.): Europäisierung der Erde? München 1981, S. 27 f.

1. Erläutern Sie die Motive von Handelsherren, Seefahrern und Herrschern, neue Seewege nach Asien zu suchen. Stellen Sie zusammen, wie Kolumbus selbst den politischen Kontext seiner Entdeckungsfahrt sieht. (M 2, M 3, M 4)
2. Untersuchen Sie die Abb. der Kogge und der Santa Maria auf die schiffstechnischen Veränderungen hin und erklären Sie deren Vorteile (M 1).
3. Informieren Sie sich über die Biografie von Kolumbus. Diskutieren Sie auf der Basis dieser Quelle, inwiefern Kolumbus als ein „typischer" Repräsentant der Renaissance angesehen werden kann. (s. auch M 6)
4. Informieren Sie sich über den „Vertrag von Tordesillas" vom 2. Juli 1494 und erklären Sie daraus die heutige Sprachenlandschaft in Lateinamerika.
5. Halten Sie Kurzreferate über einzelne Forschungsfahrten, wie sie die Karte S. 75 zeigt. Berichten Sie über Auftraggeber, Ziele, Ausstattung und Ergebnisse.

8.2 Zwei Kulturen treffen aufeinander: Die Eroberung des Aztekenreiches

Indianer geben Cortés ein Halsband. Illustration aus dem zeitgenössischen Bericht von Diego Duran, Historia de las Indias, 1521

Die Reichweite Europas ist begrenzt

Am 18. April 1521 erschien der ehemalige Augustiner-Mönch Martin Luther vor Kaiser Karl V. auf dem Reichstag in Worms. Weder der repräsentative Rahmen der Reichsversammlung noch das Schicksal des früheren Reformators Johannes Hus, der 1415 auf dem Konstanzer Konzil verurteilt und hingerichtet worden war, konnten ihn dazu bewegen, seine reformatorischen Schriften und Auffassungen zu widerrufen. Zehn Tage später, am 28. April 1521, begannen die Spanier und ihre Verbündeten das aztekische Tenochtitlán zu belagern. Der Fall der Stadt im August des Jahres bedeutete die Eroberung des ersten großen Reiches in der Neuen Welt. Beide Ereignisse, Tausende von Kilometern auseinanderliegend, erweisen sich als Ergebnisse eines weltgeschichtlichen Zusammenhangs: Europa brach auf.

Eine neue Welt?

Wahrnehmungsmuster, Ideologien, Lebensweisen und gesellschaftliche Verhältnisse, die seit Jahrhunderten gegolten hatten, verloren ihre Fraglosigkeit, nicht überall und nicht gleichzeitig, aber doch unübersehbar. Neben dieser Sicht auf die inneren Verhältnisse änderte sich der Blick auf die Dinge auch durch das, was die Europäer in Übersee für sich entdeckten. Fremde Länder und Kulturen gerieten in ihren Horizont. Die Welt musste neu gedacht werden. Als Karl V. dem Reichstag vorsaß, kannte er den ersten Bericht des Hernán Cortés vom 30. Oktober 1520, die Schilderung eines Eroberungszuges, dessen Ziel die gewaltige Metropole des Aztekenreiches, Tenochtitlán, war. Auch wenn der Autor das Heidentum der Azteken betont, so ist doch seine Bewunderung für die städtebauliche Leistung unüberhörbar. Das dürfte seine Wirkung auf den jungen Kaiser, der erst seit zwei Jahren im Amt war, nicht verfehlt haben.

Neue Aufgaben

Zugleich muss ihm aber bewusst gewesen sein, dass eine ungeheure gestalterische Aufgabe auf ihn zukam. Ein Reich dieses Ausmaßes konnte nicht mehr mit den mittelalterlichen Herrschaftsinstrumenten regiert werden. Wie konnte man eine solche organisatorische Aufgabe bewältigen? Schließlich galt es dabei die Weite des Atlantiks zu überwinden. Die „Welt war aus den Fugen". Wie konnte man zu einer Lösung finden, die Altes erhielt und zugleich für die notwendigen Neuerungen offen war? Wie sollte man überhaupt dem Fremden, das deutlich Ansprüche erheben konnte, eine eigenständige Kultur zu besitzen, angemessen begegnen? Mussten die Ziele unter dem Eindruck der Eroberungen nun neu definiert werden?

MATERIAL

„Kulturtransfer" in beide Richtungen 1

Die Historikerin Claudia Schnurmann hat einige biologische und technische Bestandteile menschlicher Zivilisation aufgelistet, die vor der Entdeckung Amerikas im jeweils anderen Kontinent unbekannt waren (1998).

Von Amerika nach Europa	*Von Europa nach Amerika*		
Syphilis	Pferde	Pfirsich	Pocken
Mais	Schweine	Apfel	Masern
Tabak	Rinder	Orange	Wegerich
Kartoffeln	Schafe und Ziegen	Zitrone	Löwenzahn
Tomaten	Honigbienen	Wein	Kletten
Erdnüsse	Katzen	Metallkessel	Brennnesseln
	Hühner	Schusswaffen	

nach: Claudia Schnurmann, Europa trifft Amerika, Frankfurt a. M. (Fischer) 1998, S. 119 f. und 187 ff.

MATERIAL

Aztekische Technik – „Steinzeit" mit anderem Gesicht 2

Der Ethnologe und Altamerikanist Hanns Prem vergleicht den Stand der technischen Entwicklung der Azteken mit demjenigen der Europäer (1996):

So beeindruckend die Städte der Azteken und ihrer Nachbarn und Vorfahren auch erschienen, ihre Kultur befand sich auf einer Ebene technischer Entwicklung, die in Europa und im Mittelmeerraum schon seit Jahrtausenden überholt war. Aber was uns im Hinblick auf die Leistungen der altamerikanischen Kulturen in anderen Bereichen als Ungleichgewicht erscheinen kann, ist tatsächlich Beweis für die unterschiedlichen Wege, die die kulturelle Weiterentwicklung des Menschen in verschiedenen Teilen der Welt genommen hat.
Die Liste technischer Errungenschaften, die bei den Azteken wie bei ihren Nachbarn (zumeist aber in ganz Amerika vor Ankunft der Europäer) fehlten, ist lang. Sie wird üblicherweise mit Rad und Wagen begonnen, doch gerade hier wird die Komplexität der Frage sichtbar: Räder brachte man zwar an Spielzeugtieren aus Ton an, aber man baute keine Fahrzeuge. Denn Fahrzeuge bringen Vorteile nur in geeignetem Gelände oder auf gebahnten Straßen mit geringen Steigungen, die zu bauen im mexikanischen Bergland sehr aufwändig ist. Auch hätte man die Fahrzeuge selbst ziehen müssen, da es keine Zugtiere gab. Diese fehlten, da in Mittel- und Nordamerika alle größeren Säugetiere, die sich zur Domestikation geeignet hätten, überhaupt nicht vorhanden gewesen oder nach der Eiszeit ausgestorben waren. Aus diesem Grund gab es auch außer Hund und Truthahn keine größeren Haustiere. Die Töpferscheibe war ebenfalls unbekannt, ohne dass dies eine geringere Qualität der Keramikproduktion bedeutet hätte.

Zur Steinbearbeitung benutzte man nur Steinmaterialien, war aber dennoch besonders bei kleineren Objekten zu bemerkenswerten Leistungen fähig. Feine Schneideinstrumente bestanden aus Obsidianklingen (einem sehr scharfen, aber leicht splitternden vulkanischen Glas). Die Kenntnis der Metallverarbeitung war in Mexiko jung und erst spät zu den Azteken gekommen. Hergestellt wurden hauptsächlich Schmuckgegenstände aus Gold und Kupfer (nur bei den Tarasken wurden auch Gebrauchsgegenstände angefertigt). Unbekannt waren Saiteninstrumente, die Glasur von Keramik, Maschinen mit Nutzung der Hebelwirkung einschließlich der Balkenwaage, Nutzung des Luftdrucks in Rohren beispielsweise bei Leitungen und Pumpen. In der Bautechnik mussten die Azteken ohne Gewölbe und Kuppelbau, ja selbst ohne das von den Maya entwickelte Kraggewölbe[1] auskommen; sie errichteten ihre Häuser aus Holz, aus Lehmziegeln oder Bruchsteinmauerwerk mit flachen Dächern, die aus einer Holzbalkendecke mit dicker Stuckmörtelschicht bestanden.

Auch die aztekische Schrift war – trotz leistungsfähiger Formen vor allem bei den Maya – nur sehr mangelhaft entwickelt. Aufzeichnungen aller Art erfolgten in Bilderhandschriften, die aus langen Streifen aus Leder oder papierartig verarbeitetem Pflanzenmaterial bestanden, welche in Leporello-Form[2] gefaltet und von Holzdeckeln geschützt waren. In ihnen ist eine bildartige Szenendarstellung mit „Hieroglyphen" kombiniert. Die „Hieroglyphen" sind kleine Bildzeichen, die zu einem gewissen Grad standardisiert und normiert sind und einen durch Konvention einigermaßen präzise festgelegten Inhalt haben. Sie dienten zur Schreibung von Personen und Ortsnamen sowie von einzelnen, eng begrenzten Gegenstandsbereichen, waren aber nicht in der Lage, auch nur einen kurzen Satz wiederzugeben. Die zusammenhängende Aussage wurde stattdessen durch die Abbildung des Geschehens aufgezeichnet.

Der Aufbau der historischen Bilderhandschriften ist chronologisch, in Zentralmexiko zumeist nach einem kontinuierlichen oder unterbrochenen Band von Schriftzeichen für die aufeinander folgenden Jahre. Die den Bilderhandschriften innewohnende Mehrdeutigkeit und Ungenauigkeit war erheblich und konnte auch von trainierten Indianern nicht völlig überwunden werden, wie Widersprüche in den Textfassungen der Quellen belegen. [...]

Aztekenkalender aus dem 16. Jahrhundert

Die indianischen Handschriften fielen nach der Conquista[3] zum größten Teil missionarischem Eifer, der in ihnen unterschiedslos ein auszurottendes Blendwerk des Teufels sah, zum Opfer. Andererseits entstand bald nach der Conquista eine große Zahl von Quellen zumeist mit historischer und tributtechnischer Schwerpunktsetzung, die in stark unterschiedlicher Nähe zu den erhalten gebliebenen Schriftquellen und den mündlichen Traditionen stehen. Ihre indianischen Autoren gaben die autochthonen[4] historischen Texte, die ihnen hauptsächlich in mündlicher Form oder in Gestalt bilderschriftlicher Annalen vorlagen, in europäischer Schrift und zumeist in ihrer indianischen Sprache wieder. Der Grad ihrer redaktionellen Eingriffe ist kaum bestimmbar.

[1] Kraggewölbe: spitz nach oben zulaufende, gestufte, so genannte „falsche" Gewölbe
[2] Leporello: ziehharmonikaförmig gefaltetes Papier
[3] Conquista (span.): Eroberung
[4] autochthon: bodenständig, aus dem Gebiet stammend

Hanns J. Prem: Die Azteken, Beck'sche Reihe 2035, München (Beck) 1996, S. 57 ff.

Oben: Die Entwicklung des aztekischen Machtbereichs seit 1440 und die Züge von Cortés 1519–1521.

Unten: Diego Rivera (1886–1957), Die Landung von Cortés in Veracruz (1951). Cortés gibt einem Sklavenhändler Geld. Unmittelbar hinter ihm ist (wahrscheinlich) die einheimische Geliebte und Übersetzerin von Cortés, Malinche zu sehen, die den gemeinsamen Sohn auf dem Rücken trägt. Links unten brandmarken Soldaten Sklaven mit einem G wie „guerra“ (Krieg).

MATERIAL
3 „… größer als der Marktplatz von Salamanca“

Der spanische Offizier Díaz del Castillo, Soldat unter Cortés, beschreibt das Geschehen in Tlatelolco, der unmittelbaren Nachbarstadt von Tenochtitlán, wo sich der zentrale Marktplatz befand. Díaz legte seine Erinnerungen erst 1567 im Alter von 75 Jahren schriftlich nieder. Der vorliegende Bericht bezieht sich auf Erfahrungen im November 1519.

Wir ritten, begleitet von zahlreichen Kaziken[1], über den großen Marktplatz von Tlatelolco. Dort fanden wir eine unerwartet große Menge Menschen, zahlreiche Verkaufsstände und eine ausgezeichnete Ordnungspolizei. Die Kaziken machten uns auf alle Besonderheiten aufmerksam. Jede Warengattung hatte ihre Plätze. Da gab es Gold- und Silberarbeiten, Juwelen, Stoffe aller Art, Federn, Baumwolle und Sklaven. Der Sklavenmarkt war hier genauso groß wie der Negermarkt der Portugiesen in Guinea. Damit sie nicht fliehen konnten, waren sie mit Halsbändern an lange Stangen geschnallt. Nur wenige durften frei herumgehen.
Dann kamen die Stände mit einfacheren Waren, mit grobem Zeug, mit Zwirn und Kakao zum Beispiel. Ganz Neuspanien bot hier seine Erzeugnisse an. Ich kam mir vor wie auf der großen Messe zu Hause, in meinem Geburtsort Medina del Campo, wo auch jede Ware ihre eigene Straße hat. Da gab es Sisalstoffe, Seile und Strickschuhe. Dort wurden gekochte süße Yucawurzeln und andere aus dieser Pflanze gewonnene Produkte angeboten. Es gab rohe und gegerbte Häute von Tigern, Löwen, Schakalen, Fischottern, Rotwild, wilden Katzen und anderen Raubtieren. Wir fanden aber auch Stände, an denen Bohnen, Salbei und vielerlei andere Gemüse und Gewürze verkauft wurden.
Es gab einen besonderen Geflügel- und Wildbretmarkt, einen für die Kuchenbäcker und einen für die Wursthändler. In den Ständen der Töpfer fanden wir von großen Gefäßen bis zum kleinsten Nachttopf alles. Wir gingen an Verkäufern von Honig, Honigkuchen und anderen Leckereien vorbei, an Möbel-, Holz- und Kohlenhändlern. Ganze Kähne mit menschlichen Fäkalien lagen am Ufer. Die Mexikaner brauchten sie zum Gerben. Ich finde kein Ende mit dieser Aufzählung, und doch habe ich das Papier, die Röhren mit dem flüssigen Eukalyptusöl und mit dem Tabak, die wohlriechenden Salben und die Hallen mit den Sämereien noch gar nicht genannt, ganz zu schweigen von den Heilkräutern. Und nun hätte ich doch fast die Handwerker vergessen, welche die Feuersteinmesser machen, das Salz, den Fischmarkt und die Brote, die aus getrocknetem Schlamm gemacht werden, den man in den Seen fischt. Sie schmecken wie Käse. Schließlich gab es noch Instrumente aus Messing, Kupfer und Zinn, handgemalte Tassen und Krüge aus Holz, kurz so vielerlei Waren, dass mein Papier nicht ausreicht, sie alle zu nennen. Es gab übrigens auch eine Art Marktgericht mit drei Richtern und mehreren Gehilfen, die für die Warenschau verantwortlich waren.
Wir wollten aber den großen Cue[2] besteigen. Als wir auf dem Weg dorthin an den Vorhöfen des Marktes vorbeikamen, sahen wir noch Kaufleute, welche die Goldkörner aus den Bergwerken verkauften. Sie schütteten ihre wertvolle Ware in große Gänseknochen, deren Wände sie so lange bearbeiteten, bis das Gold durchschien. Je nach der Länge und Dicke dieser Röhren konnte man dafür soundso viele Packen Zeug oder Kakaobohnen (die heute noch als kleine Münze verwendet werden) oder Sklaven oder andere Waren eintauschen. Vom Markt aus kamen wir bald in die großen Höfe, die den Haupttempel der Hauptstadt Mexiko umgaben. Sie waren größer als der Marktplatz von Salamanca. Um den riesigen Hof lief eine doppelte Mauer aus Kalk und Stein. Er war durchweg mit weißen, sehr glatten Platten gepflastert, die in einem bestimmten Wechsel von einem bräunlichen Estrich unterbrochen wurden. Alles war so sauber, dass man nirgends einen Strohhalm oder ein Stäubchen sah.

[1] Kazike: Häuptling, Stammesfürst
[2] Cue: Tempelberg

Díaz del Castillo: Die Eroberung Mexikos. Frankfurt a. M. (Insel) 1988, S. 215 ff.

Kampfszene aus einer Bilderhandschrift der Tlaxcalteken, die Mitte des 16. Jahrhunderts für den spanischen König hergestellt wurde. Die Tlaxcalteken sind diejenigen auf dem Bild, die an der Seite von Cortés kämpfen.

MATERIAL

Aztekische Technik – „Steinzeit“ mit anderem Gesicht 4

Nachdem Cortés mit seinen Truppen 1520 Tenochtitlán unter großen Verlusten fluchtartig verlassen musste, kehrte er im April 1521 zurück und begann mit der Belagerung der aztekischen Hauptstadt. Die letzten Kämpfe, Ende Juli/Anfang August 1521 sind in einer aztekischen Version, den „Annalen von Tlatelolco“, und der des spanischen Offiziers Díaz del Castillo überliefert. Die Spanier und ihre Verbündeten hungerten die Azteken aus und betrieben eine Politik der verbrannten Erde. Ein Friedensangebot der Spanier schien zunächst auf Zustimmung zu stoßen, wurde dann aber aufgrund des Widerstands der aztekischen Priester abgelehnt. Noch einmal konnten die Azteken einen Gegenangriff starten, dann aber war ihre Niederlage nach dem Fall Tlatelolcos und der Besetzung des zentralen Marktplatzes besiegelt.

Dann legten die Schiffe in Texopan[1] an. Drei Tage dauerte der Kampf und sie vertrieben uns von da. Dann kamen wir nach Teoithualco und brachten da vier Tage kämpfend zu. Dann gelangten wir hierher nach Yacacolco[2] und dort erreichten die Spanier den Weg nach Tlilhuacan[3]. Da kamen alle Bewohner der Siedlungen, zweitausend Leute, und der Ruhm der Tlatelolca[4] wurde durch sie vermehrt. Darauf errichteten wir Tlatelolca Schädelgerüste. Sie befanden sich an drei Seiten, die Schädelgerüste; sie waren im Tempelhof aufgestellt. (Das erste) in Tlillan[5]. Dort durchbohrte man die Schädel unserer Herren[6] (um sie auf dem Schädelgerüst aufzureihen). Dort stellte man auch die Fahnen hin, welche der Tlacatecatl Ecatzin und der Tlapanecatl Popocatzin erobert hatten.

Am zweiten Ort, in Yacacolco, durchbohrte man die Häupter unserer Herren. Und zwei Pferdeköpfe am dritten Ort, in Zacatlan, vor dem Tempel der Frauen; das waren ausschließlich die Ruhmestaten der Tlatelolca. Als dies geschehen war, vertrieben sie uns; sie kamen hierher und bemächtigten sich des Marktes. Das war damals, dass die Tlatelolca untergingen, der große Jaguar (d. i. Krieger), der große Führer. Von da breitete sich der Krieg aus und stürzte alles um. Es war auch damals, dass die Frauen der Tlatelolca kämpften, sie versetzten (den Feinden) Hiebe und machten Gefangene; sie gingen bekleidet mit Kriegerdevisen[7], sie schürzten ihre Röcke hoch, um sie besser verfolgen zu können. Das war auch damals, dass man für den Kapitän einen Thronhimmel am Markttempel errichtete. Es war damals, dass sie eine Steinschleuder aufstellten. In dem Tempel dort auf dem Markte brachten sie zehn Tage kämpfend zu. So ging es mit uns, das war es, was wir sahen, was wir mit Verwunderung erlebten, wert der Tränen, wert des Mitleides, weil wir (so bitteres) Leid erduldeten. Auf den Wegen lagen zerbrochene Knochen, wirre Haare, die (Dächer der) Häuser sind abgedeckt, die Behausungen sind gerötet (von Blut), die Würmer wimmelten in den Straßen. Das Mauerwerk ist mit Gehirnen beschmiert, das Wasser ist wie rötlich, wie gefärbtes Wasser. So tranken wir es. Wir tranken sogar salziges Wasser. [...] Wir kauten Tzompantliholz, Queckengras, Lehmknollen, Eidechsen, Mäuse, mit Staub Bedecktes, Würmer. Wir aßen miteinander, was man auf das Feuer legte, und wenn dessen Fleisch gar war, aß man es da (gleich) so am Feuer.

[1] Texopan: Ort an der Ostseite der Insel, auf der Tlatelolco lag
[2] Teoithualco und Yakacolco: wahrscheinlich Ortsteile von Tlatelolco, im Nordwesten der Insel gelegen
[3] Tlilhuacan: ca. 6 km nordwestlich der Hauptstadt auf dem Festland gelegene Siedlung
[4] Tlatelolca: Einwohner von Tlatelolco
[5] Tlillan: „Haus der Dunkelheit", offenbar eine Kultstätte
[6] Schädel unserer Herren: getötete Spanier
[7] Kriegerdevisen: Original „zacuampapaloti", wahrscheinlich ein spezieller Federschmuck

Matthias Gorissen: Auf der Suche nach Fremdperspektiven: Möglichkeiten und Grenzen, in: Andreas Körber (Hrsg.): Interkulturelles Geschichtslernen, Waxmann Verlag, Münster u. a. (Waxmann), S. 155.

MATERIAL

5 Kampf um die Hauptstadt – die spanische Sicht

Die Eroberung Tenochtitláns 1521 *nach dem Bericht von Diaz del Castillo* (1567).

Als Cortés sah, dass der Feind auf diese Art nicht mürbe zu machen war und dass er keineswegs bereit war, um Frieden zu bitten, besprach er mit seinen Offizieren einen neuen Plan. Der Feind sollte in Hinterhalte gelockt und dort vernichtet werden. [...] Es gab ein großes Blutbad, bei dem die Mexikaner viele Leute und die Lust verloren, unsere abendlichen Rückzüge weiterhin zu stören. Alvarado hatte mit seinen Leuten einen ähnlichen Hinterhalt gelegt. Er war aber nicht so gut gelungen. Ich war an diesem Tag nicht bei meiner Division. Cortés hatte mich persönlich für seinen Hinterhalt ausgewählt. Nun waren wir die unbestrittenen Herren von Tlatelolco. Cortés ließ dort unser Standquartier aufschlagen. Wir sparten auf diese Weise jeden Morgen eine gute halbe Stunde, weil wir nicht erst an den Feind heranmarschieren mussten. Drei Tage unternahmen wir nichts Besonderes; denn Cortés hatte befohlen, nicht weiter in die Stadt einzudringen. Er hoffte immer noch auf ein Friedensangebot des Feindes, ja, er ließ ihn noch einmal auffordern, sich zu ergeben, sicherte ihm ehrenvolle Behandlung zu, bestätigte ihn in seinem Besitzstand und schickte den hungrigen Leuten Brot, Hühner, Wildbret, Feigen und Kirschen. Cuauhtemoc[1] hielt daraufhin einen Kriegsrat ab, nach dessen Beschluss Cortés geantwortet wurde: Man wünsche nun wirklich den Frieden, man schlage vor, in drei Tagen persönlich zusammenzutreffen, um die Bedingungen festzulegen. Cuauhtemoc wollte damit aber nur Zeit gewinnen, um die Brücken auszubessern, Kanäle zu graben, Schanzen zu bauen und die Waffen in Ordnung zu bringen. [...]
Als sie dann plötzlich über alle drei Divisionen herfielen, hatten wir keine Zeit, uns über diesen neuen Wortbruch zu ärgern. Sie griffen so heftig an, dass wir zunächst nicht standhalten konnten. Außerdem waren wir in der sicheren Erwartung des Friedens etwas sorglos geworden. Die Mexikaner griffen so heftig an, wie wenn der Krieg nun ganz von vorn beginne. Sie verwundeten viele, darunter drei Soldaten so schwer, dass einer bald darauf starb. Sie töteten zwei Pferde und verletzten viele andere. Dieser Scherz sollte sie aber schließlich teuer zu stehen kommen. Cortés gab nun den Befehl, auch in den Stadtteil zu dringen, in den sich Cuauhtemoc zurückgezogen hatte. Als der König sah, dass auch sein letzter Zufluchtsort gefährdet war, ließ er Cortés um eine Unterredung an einem der großen Kanäle bitten. [...]

Von diesem Augenblick an hatten wir vier oder fünf Tage Ruhe; denn in der Nacht flüchteten viele arme, ausgehungerte Leute von drüben zu unseren Divisionen, und Cortés hoffte immer noch, dass der Feind um Frieden betteln müsse. Ein Soldat aus der Division des Cortés, der in Europa, vor allem in Italien, viele Schlachten und manche Belagerung mitgemacht hatte, erzählte von großen Belagerungsmaschinen. Er machte sich stark, eine solche Maschine zu bauen, mit der man vom großen Marktplatz in Tlatelolco aus die festen Häuser der Mexikaner zusammenschießen könne. Cortés ließ sich beschwatzen und erteilte die notwendigen Befehle für die Ausführung dieser Arbeit. Man schaffte Steine, Kalk, Holz und Eisenwerk herbei und stellte dem Mann die notwendigen Handwerksleute. Sie bauten tatsächlich zwei große Schleudern, mit denen ungeheuer große Steine verschossen werden sollten. Die Maschine versagte aber schon beim ersten Schuss. Der Stein, den sie schleudern sollte, fiel gerade vor ihr auf den Boden. Cortés ärgerte sich sehr darüber, dass er sich auf diesen Versuch eingelassen hatte, und ließ alles wieder einreißen. [...]

Die Luft in der Stadt war so verpestet, dass Cuauhtemoc darum bat, den Abzug sämtlicher Einwohner und sämtlicher auswärtiger Krieger zu gestatten. Drei Tage und drei Nächte waren die Ausfallstraßen und die Dämme mit langen Zügen von erbärmlichen Gestalten bedeckt. Männer, Weiber und Kinder schleppten ihre entkräfteten Körper aus der Stadt, ein jammervoller Leichenzug, der einen unglaublichen Gestank verbreitete.

Nach ihrem Abzug ließ Cortés die Stadt durchsuchen. Zwischen unzählbaren Leichen fand man noch einige arme Leute, die zu schwach waren, sich zu bewegen. Die Stadt sah wie ein frisch gepflügter Acker aus; denn die Einwohner hatten jede Wurzel gesucht, herausgerissen und verzehrt.

[1] Cuauhtemoc (ca. 1495–1525): letzter Befehlshaber der Azteken, Neffe und Schwiegersohn des zuvor getöteten Moctezuma

Matthias Gorissen: Auf der Suche nach Fremdperspektiven: Möglichkeiten und Grenzen, in: Andreas Körber (Hrsg.): Interkulturelles Geschichtslernen, Münster u. a. (Waxmann) 2001, S. 156 f.

1. Setzen Sie mithilfe des Internets o. ä. die Liste des gegenseitigen „Kulturtransfers" fort (M 1). Erläutern Sie die kulturgeschichtliche Bedeutung einzelner Elemente.
2. Obwohl sie nicht das Rad einsetzten, wird die Kultur der Azteken als Hochkultur bezeichnet. Definieren Sie diesen Begriff und diskutieren Sie seine Angemessenheit für die aztekische Kultur. (M 2)
3. Analysieren Sie die Darstellung von Tlatelolco durch Díaz del Castillo. (M 3) Welche Dinge, die der Betrachter scheinbar sieht, gehören nicht in die mittelamerikanische Realität der Zeit? Wie erklären sich diese Widersprüche? Vergleichen Sie den Bericht Castillos mit M 2 und prüfen Sie Übereinstimmungen und Diskrepanzen.
4. Vergleichen Sie die Darstellung Tenochtitláns durch Díaz mit solchen mittelalterlicher Großstädte wie Köln oder Mailand.
5. Klären Sie den Inhalt von M 4 mithilfe von M 5. Warum ist die aztekische Quelle (M 4) für Europäer so schwer verständlich? Diskutieren Sie an diesem Beispiel den Umgang mit „Fremdem" in Geschichtsunterricht und Schule.
6. Analysieren Sie die politischen Botschaften der Bilder auf S. 85 unten und S. 87.
7. Informieren Sie sich über Person und Schicksal von Cortés' Geliebter und Dolmetscherin Malinche (S. 85 unten).

8.3 Die wirtschaftliche Ausbeutung der neuen Länder

Von allem Anfang an waren die Entdeckungsfahrten vor allem auf wirtschaftlichen Gewinn ausgerichtet. Die Beute der ersten Raubzüge von Cortés und anderen schien diese Hoffnungen zu bestätigen. Von Dauer waren die Erfolge aber nicht. Erst verfiel der Goldpreis in Europa, dann blieben neue Schätze aus. Wie konnte man dennoch Nutzen ziehen aus dem kostspieligen Überseeverkehr? Wie konnte man langfristige Anreize für Kaufleute schaffen?

Den Spaniern wurde rasch deutlich, dass sich nur bei entsprechender Ausbeutung der indigenen Bevölkerung in den überseeischen Provinzen Reichtum würde erwirtschaften lassen. Der Missionsgedanke, der bei den Entdeckungsfahrten noch häufig zitiert wurde, trat nun in den Hintergrund. Die spanische Krone bemühte sich um einen Interessenausgleich zwischen den früheren Zielen und aktuellen Entwicklungen in den Kolonien, indem sie 1536 das Encomienda-System einführte. Hierin wurde das System zeitweiliger Zwangsarbeit, wie es sich als „repartimiento" herausgebildet hatte, bestätigt. Zugleich wurde es mit der moralischen Verpflichtung des Tributempfängers verbunden, den Indios Schutz und christliche Erziehung zu gewähren. Das wurde zur Grundlage für die Ausbeutung der „Indias" durch die spanischen Kolonisten. Ergänzend kam schon sehr früh der Verkauf von Sklaven aus Afrika nach Lateinamerika hinzu, ein Geschäft, an dem auch deutsche Kaufleute verdienten.

MATERIAL

1 Toribio de Benavente[1] (ca. 1490–1569) zu der spanischen Herrschaft über die Indianer (um 1550)

Gott verwundete und bestrafte dieses Land und seine Bewohner, sowohl einheimische als auch fremde, mit zehn verheerenden Plagen. Die erste waren die Pocken […]. Die zweite Plage war die Conquista, durch die viele starben, besonders in der Stadt Mexiko […]. Die dritte Plage war eine große Hungersnot, die nach der Einnahme der Stadt ausbrach. Denn da sie infolge des Krieges, bei dem die einen den Mexikanern halfen, das Land zu verteidigen, während andere auf der Seite der Spanier kämpfen, die Felder nicht bestellen konnten oder aber die Felder, die die einen bepflanzten, von den andern zerstört wurden, gab es nichts zu essen […].

Die vierte Plage waren die calpixques oder Aufseher und die Neger, die, nachdem man das Land aufgeteilt hatte, die Konquistadoren in ihren Besitzungen und Dörfern, mit denen sie betraut worden waren, einsetzten, damit sie die Tribute überwachten und auf ihren Ländereien nach dem Rechten sahen. Diese Aufseher wohnen in den Dörfern, und obwohl sie zumeist Arbeiter sind, die aus Spanien eingewandert sind, führen sie sich in diesem Lande wie Herren auf und springen mit den einheimischen Fürsten um, als seien es ihre Sklaven. […] Die fünfte Plage waren die hohen Abgaben und Dienstleistungen, die die Indianer erbringen mussten. Da sie in ihren Tempeln und in vielen Gräbern ihrer Fürsten und Herren eine große Menge Gold aufbewahrt hatten, das sie abliefern konnten, legte man ihnen hohe Tribute auf, und die Indianer, die seit den Zeiten des Krieges große Furcht vor den Spaniern hegten, gaben alles, was sie hatten. Da aber die Tribute immer weiter gefordert wurden, gewöhnlich alle achtzig Tage, mussten sie, um die Zahlungen einhalten zu können, ihre Kinder und Ländereien an Kaufleute und Händler verkaufen, und wenn sie ihre Tribute nicht einhielten, bedeutete das für viele den Tod […].

Die sechste Plage waren die Goldminen, denn außer den Tributen und Dienstleistungen, die die

Bry, Theodor de; 1528–1598. „die Nigritten werden auß Mohrenlandt in die newe Insel zum Bergwerck geschickt". (Aus *Hispianiola*). *Kupferstich, kol. Illustr. zu:* H. *Benzoni. Von der Spanier Wüten* [...]. *In: America pars quinta, Frankfurt* 1594.

Spanier aus ihren Dörfern bezogen, begannen sie auch, nach Minen zu suchen; und die Zahl der indianischen Sklaven, die darin zu Tode kamen, ist so groß, dass man sie nicht zählen kann. [...] Die siebte Plage war der Wiederaufbau der Stadt Mexiko. [...] Und bei diesen Arbeiten [...] starben viele Indianer. Die achte Plage war die Jagd auf Sklaven, die sie für die Minen benötigten. Es gab Jahre, da gingen sie mit solchem Eifer ans Werk, dass die Sklaven wie große Herden von Schafen aus allen Teilen des Landes in Mexiko zusammenströmten, wo sie gebrandmarkt wurden. [...] Die neunte Plage war der Arbeitsdienst in den Minen, zu denen die Indianer bis zu einer Entfernung von sechzig Leguas [ca. 300 km] und mehr Versorgungsgüter bringen mussten. Der Weg war manchmal so weit, dass das Essen, das die Träger für sich selbst mitführten, kaum reichte, um zu den Minen zu gelangen, geschweige denn, um den Rückweg anzutreten außerdem hielten sie die Minenbesitzer nicht selten für einige Tage zurück, damit sie ihnen beim Roden halfen. Auch setzten sie sie beim Häuserbau ein oder bedienten sich auf sonstige Weise ihrer Hilfe, wodurch ihre eigenen Vorräte so sehr schwanden, dass sie entweder in den Minen oder auf dem Rückweg starben. [...] Andere kehrten so entkräftet in ihre Dörfer zurück, dass sie bald darauf starben, und von diesen und den Sklaven, die in den Minen umkamen, ging ein solcher Gestank aus, dass es die ganze Umgebung verpestete [...]. Die zehnte Plage war der Streit, der zwischen den Spaniern in Mexiko ausbrach und die Gefahr heraufbeschwor, das ganze Land zu verlieren, was unzweifelhaft geschehen wäre, wenn Gott die Indianer nicht in Blindheit gehalten hätte.

[1] Toribio da Benavente, Franziskanermönch und eienr der ersten Missionare. Er schrieb eine Geschichte der Indianer in Neuspanien.

Toribio de Benavente: Geschichte der Indios von Neu-Spanien; zit. nach Wilfried Westphal, Der Adler auf dem Kaktus, Braunschweig (Westermann) 1990, S. 225–228.

MATERIAL

2 Folgen der europäischen Expansion aus wirtschaftsliberaler Sicht

Adam Smith (1723–1790) *über Probleme und Chancen des Kolonialismus*:

Die Entdeckung Amerikas und des Seeweges nach Ostindien um das Kap der Guten Hoffnung sind die beiden größten und bedeutendsten Ereignisse in der Geschichte der Menschheit. Ihre Folgen sind zwar bereits recht beachtlich gewesen, doch ist es noch nicht möglich, in dem kurzen Zeitraum von zwei bis drei Jahrhunderten, die seither vergangen sind, die Auswirkungen in ihrer ganzen Tragweite erkennen zu können. [...] Ganz allgemein dürften sie wohl in der Tendenz nützlich und förderlich sein, da sie die entlegensten Gebiete der Welt in gewissem Umfange zusammengeführt und es ihnen möglich gemacht hat, sich gegenseitig zu helfen, den Bedarf an Nötigem und Annehmlichem im Austausch zu decken und Gewerbe und Handel untereinander zu fördern. Für die Eingeborenen in Ost- und Westindien aber sind alle Handelsvorteile, die aus beiden Ereignissen hätten erwachsen können, zusammengeschrumpft, und sie haben in dem schrecklichen Unglück geendet, das sie erlitten haben, was aber wiederum mehr in einem Zufall als in der Natur der Sache selbst seine Wurzeln hat. Zu der Zeit, als man beide Entdeckungen gemacht hat, war das Übergewicht an Macht auf Seiten der Europäer so groß, dass sie sich jede Art Ungerechtigkeit in diesen fernen Gebieten erlauben konnten. Vielleicht können künftighin die Eingeborenen jener Länder stärker und machtvoller, die Macht der Europäer aber schwächer werden, sodass die Bewohner aller Regionen der Welt den gleichen Mut und die gleiche Stärke erlangen, wodurch es zu einem Gleichgewicht in der Abschreckung kommt, das allein die Ungerechtigkeit unabhängiger Nationen in eine Art Respekt vor den gegenseitigen Rechten umzuwandeln vermag.

Adam Smith: Wirtschaftspolitik. Aus: Der Wohlstand der Nationen; hrsg. von Horst Klaus Recktenwald, München (Beck) 1974, S. 526 f.

MATERIAL

3 Statistik zur Bevölkerung in Mittel- und Südamerika

Jahr	*Weiße*	*Mischlinge*[1]	*Indianer*	*Afrikaner*
1570	138 000	260 000[2]	9 827 000	–
1650	729 000	670 000	9 175 000	835 000
1825	4 349 000	6 252 000	8 211 000	4 188 000

[1] für 1570 einschließlich Afrikaner [2] einschließlich Afrikaner

nach: Richard Konetzke: Süd- und Mittelamerika I, Fischer Bücherei (Weltgeschichte Bd. 22), Frankfurt a. M. (Fischer) 1965, S. 102 ff.

1. Vergleichen Sie die Texte M 1 und M 2 und erklären Sie die unterschiedliche Bewertung.
2. Setzen Sie die in M 1 geschilderte Entwicklung mit Ihren Kenntnissen über die Ziele der Entdecker in Beziehung.
3. Interpretieren Sie die Bevölkerungsstatistik (M 3) hinsichtlich Vorgehen und Wirtschaftsordnung der Spanier und Portugiesen in Lateinamerika.
4. Nehmen Sie begründet Stellung zu der Behauptung: Die Globalisierung beginnt mit der Entdeckung Amerikas 1492.

9.0 Mythos Renaissance

David von Verrocchio
Der Florentiner Bildhauer, Bronzegießer und Maler Verrocchio (1435–1488), stellt mit seinem David die Würde des schicksalsbewussten Menschen dar, der weiß, dass ihn Gott zum Maß aller Dinge und höchsten Geschöpf berufen hat. Bronze. Museo Nazionale del Bargello, Florenz.

Jahrzehntelang erschien der gebildeten Öffentlichkeit – geprägt durch Jacob Burckhardt (vgl. Kap. 1.0) – die Epoche der Renaissance als eine „strahlende" Zeit, die beherzt die Fesseln des „dunklen Mittelalters" abgestreift habe, in der „große Persönlichkeiten" ihre kreative und kritische Individualität erkannt hätten, ihre Selbstentfaltung kultivierten und die mutig die überseeische Welt entdeckten. In der Zeit der Renaissance habe sich – zunächst in Italien – der „Durchbruch zur Moderne" vollzogen. Dieses Geschichtsbild passte hervorragend zu dem Selbstbild des 19. Jh., das durch die Vorstellung, das fortschrittliche Europa sei in kultureller, politischer, sozialer und künstlerischer Weise anderen Kulturen überlegen, eine globale politische wie kulturelle Vorherrschaft legitimierte.

Die neuere Renaissanceforschung hat dieses leuchtende Bild von der Renaissance erheblich relativiert und ein wenig getrübt. Dies gilt zunächst für den Zeitpunkt, zu dem dieses „neue Denken" eingesetzt habe. Hier gehen die Auffassungen weit auseinander. Setzt die Renaissance 1336 ein, als Francesco Petrarca den Mont Ventoux bestieg und dabei gewaltige seelische Erschütterungen erlebte? Immerhin zog er für die Bewältigung seiner individuellen Erfahrungen bei einer für damalige Verhältnisse völlig ungewöhnlichen Bergbesteigung die antiken „Confessiones" von Augustinus zu Rate, ob seine Augenlust nicht im Gegensatz zu seinem Seelenheil stünde. War Petrarca dabei eher ein moderner Mensch oder doch eher rückwärtsgewandt, mittelalterlichen Moralvorstellungen verpflichtet?

Petrarca *vgl. S. 35 f.*

Ging die Renaissance ausschließlich von Italien aus, wie regelmäßig behauptet wird? Oder wird damit nicht etwa der Orient oder die niederländische Malerei zu stark ausgeblendet. Immerhin verdankten viele italienische Bauherren (etwa des Mailänder Ospedale Maggiore) wesentliche Erkenntnisse orientalischen Vorbildern.
Die Renaissance gilt allgemein als die Geburtsstunde des Künstlerindividuums. Während im Mittelalter etwa die Architekten und Maler oft namentlich nicht bekannt sind, treten sie seit der Renaissance aus dieser Anonymität heraus. So will es zumindest die Geschichtsschreibung des 19. Jahrhunderts, die sich gerne große Heroen schuf und deren Aussagen von späteren Lokalhistorikern oder -politikern bis zum heutigen Tag gerne übernommen wurden – immerhin konnte sich auf diese Weise so mancher Ort im Glanz eines großen Namens sonnen. Tatsächlich aber lässt sich die

am italienischen Beispiel gefundene „Künstlerpersönlichkeit" kaum auf Länder nördlich der Alpen übertragen, denn hier verblieben noch erheblich länger als in Italien auch große Künstler in der Anonymität und so manche namentliche Zuschreibung etwa auf berühmte Architekten, mit denen sich lokale Eitelkeiten schmücken konnten, erfolgte auf sehr leichtfüßige Weise.

Weiterhin betonen Repräsentanten der Renaissance einen scharfen Bruch zum Mittelalter hin, obgleich das Mittelalter weder technik- noch „fortschrittsfeindlich" war, eine solch abwertende Einschätzung des Mittelalters entspricht eher der Selbststilisierung der Renaissance.

MATERIAL

1 Erfindung Renaissance

Ein alter Kernbegriff der europäischen Geschichtserzählung ist in Bewegung geraten. Das passiert nicht so häufig: Ein ehrwürdiges Wort schrumpft, bekommt Flecken und häutet sich. Rinascita, Renaissance: Gemeint ist die emphatische Berufung auf antike Texte und Autoritäten, die zwischen dem 14. und dem ausgehenden 16. Jahrhundert die europäische Kultur in Kunst und Wissenschaft tiefgreifend geprägt habe. „Renaissance" soll seit dem 19. Jahrhundert nicht weniger als den Beginn moderner individueller Subjektivität bezeichnen: Diese Epoche, so lehren die Handbücher und Überblicksdarstellungen bis heute, sei der Ursprung moderner individueller Subjektivität und des autonomen Künstlers, der Beginn selbstbewussten ästhetischen Ausdrucks ebenso wie einer neuen, exakten Wahrnehmung historischer Differenz.

Das unterscheidet die Renaissance auch vom Mittelalter. Denn die beiden Begriffe bezeichnen nicht zwei getrennte Epochen, sondern zwei unterschiedliche Weisen, Vergangenheit zu erzählen. Das Mittelalter, könnte man sagen, ist das fremde Eigene; es wird als Wurzel und Grundlage, aber gleichzeitig als archaische Gegenwelt präsentiert – ganz wir, ganz fern, deshalb so echt. Die Renaissance, obwohl auch die Rede von ihr eine Ursprungserzählung ist, „funktioniert" anders. Denn hier gibt es keine Andersheit, im Gegenteil. Die Ecksteine des Mythos von der Renaissance – die angebliche Neuentdeckung der Antike, das Auftreten des autonomen Künstlers und Wissenschaftlers und die Formation moderner Individualität – sind seit fast hundertfünfzig Jahren für die kulturelle Selbstdefinition des Westens unverzichtbar: ein Geschichtsbild mit Florenz als imaginärer Hauptstadt, das bis heute wenig von seiner Wirksamkeit eingebüßt hat.

Tatsächlich gibt es kaum eine andere historische Epoche, die seit der industriellen Revolution für die Selbstdarstellung des gebildeten Europa eine ähnliche zentrale Rolle gespielt hat. Mit der Renaissance ließ sich die Sonderstellung Mittel- und Westeuropas historisch begründen: Die Traditionen europäischer Individualität und kultureller Dynamik seien auf die Leistungen jener selbstbewussten Humanisten, Künstler und Kaufleute der Stadtrepubliken Italiens zurückzuführen, so das Credo dieser Geschichtserzählung. Die Historiker des 19. und des 20. Jahrhunderts erzählten mit dem Bild dieser aus sorgfältig ausgewählten Versatzstücken zusammengesetzten „schönen Gesellschaft" an der Wende vom Mittelalter zur Neuzeit eine Erfolgsgeschichte von unternehmerischen Bürgern und Gelehrten; ein Spiegel ihres eigenen sozialen und kulturellen Selbstbilds. Ihre Renaissance war die Vision eines ästhetischen Kapitalismus, um ein halbes Jahrtausend in die Vergangenheit projiziert. [...]

Von der Renaissance reden hieß von einem westlichen „Wir" sprechen. Warum wir so erfolgreich und so kompliziert, so gebildet und so elegant sind. Eben deshalb kann man sagen, die Renaissance sei keine Epoche, sondern ein Erzählmodus. Im Gegensatz zum Mittelalter-Begriff, der die Fremdheit der eigenen Ursprünge betont, beruhte das Konzept Renaissance auf dem Kunstgriff, so zu tun, als sei man selbst der direkte Nachkomme Petrarcas, Brunelleschis oder Albertis.

Und eigentlich stimmt das auch. Denn genau dieser Kunstgriff war auch der Trick der Renaissance-Humanisten [...]. Sie taten, als seien sie die direkten Erben der antiken Klassiker. – Ein Kunstgriff war dies deshalb, weil die Humanisten so ihre viel direkteren intellektuellen Abhängigkeiten von islamischen Gelehrten und jüdischen Ärzten zum Verschwinden bringen konnten. Die Philosophie und Naturphilosophie des Mittelalters hatte ihre Abhängigkeit vom byzantinischen, jüdischen und arabischen Wissen offen gezeigt. Seit Petrarca gaben die Humanisten dagegen vor, ein direktes und ausschließliches Verhältnis zur Antike wiederhergestellt und für sich alleine gepachtet zu haben. Die Humanisten verachteten öffentlich ihre mittelalterlichen Lehrbücher und plagiierten sie gleichzeitig. Die Renaissance ist der Mythos der Selbsterzeugung des Westens durch Selbstbefruchtung oder genauer: durch Verkehr mit antiken Texten. [...]

Dieser doppelte Anachronismus, nämlich die professionelle Selbsterfindung der Humanisten im 14. und 15. Jahrhundert und ihre Anverwandlung im Zuge einer Identitätspolitik der bürgerlichen Industriegesellschaft fünf Jahrhunderte später, ist erst am Beginn des 21. Jahrhunderts zum Thema der neuen Renaissance-Forschung geworden. Weniges [...] hätte einem Florentiner Kaufmann des 15. Jahrhunderts einen solchen Horror eingeflößt wie Jacob Burckhardts Konzept eines autonomen Individuums.

Valentin Groebner in NZZ 26. April 08

MATERIAL 2

Die Wahrnehmungsweise der kleinen Leute

In markantem Unterschied zu diesen Veränderungen in der Kultur der Eliten wandelt sich die Vorstellungswelt der kleinen Leute deutlich weniger und vor allem langsamer. Soweit sich ihre Weltsicht aus Tagebüchern, Gerichtsakten und ähnlichen Quellen ansatzweise erschließen lässt, leben hier ältere Bewusstseinshaltungen in vielem ungebrochen fort. In den Aufzeichnungen des florentinischen Gewürzhändlers Luca Landucci zwischen 1450 und 1516 etwa ist so gut wie nichts vom Glanz des mediceischen Florenz, sehr viel dagegen vom Elend des Alltags eingefangen. Geschichte erscheint hier als Kreislauf von Krieg, Hungersnot, Überschwemmungen, Hinrichtungen und anderen Kalamitäten, die Gott als Strafe für die Sünden, speziell den Hochmut, des Menschen verhängt. Dieser ist vor allem bei den Mächtigen verbreitet, die sich und nicht Gott ihren Rang zu verdanken glauben und deren Gier nach Einfluss und Reichtum unstillbar ist. Die wahre Größe des Menschen aber ist die Demut vor Gott, der allein die Geschichte lenkt – mit dieser von allen Prunkaufwendungen des Zeitalters kaum beeindruckten Haltung kategorischer Frömmigkeit und einem entsprechend egalitären Menschenbild erteilt Landucci den Ruhmesbestrebungen der Mächtigen und letztlich auch ihren Propagandabemühungen eine kühle Absage.

Volker Reinhardt, Die Renaissance in Italien. Geschichte und Kultur, München (Beck) 2007, S. 115 f.

1. Fassen Sie die Überlegungen von Valentin Groebner (M 1) thesenartig zusammen.
2. Erläutern Sie, warum gerade das 19. Jahrhundert die Renaissance als „leuchtende" Epoche „erfand" (M 1)
3. Was könnte der florentinische Gewürzhändler Jacob Burckhardt ins Stammbuch schreiben? (M 2)
4. Diskutieren Sie das Problem, „die Renaissance – nur eine Erfindung, ein Mythos?" Bedenken Sie dabei, welche sozialen Gruppen von diesem Aufbruch berührt waren und welche soziale Tiefenwirkung die Renaissance erreichte.

LITERATURHINWEISE

- Burckhardt, Jacob, Die Kultur der Renaissance in Italien, Stuttgart (Reclam) 1987
- Burke, Peter, Die europäische Renaissance, München (Beck) 1998
- Dülmen, Richard von, Die Entstehung des frühneuzeitlichen Europa 1550–1648 (= Fischer Weltgeschichte Bd. 24), Frankfurt (Fischer TB) 1982
- Garin, Eugenio, Astrologie in der Renaissance, Frankfurt (Campus) 1997
- Garin, Eugenio (Hrsg.), Der Mensch der Renaissance, Frankfurt (Campus) 1990
- Lundt, Bea, Europas Aufbruch in die Neuzeit 1500–1800. Eine Kultur- und Mentalitätsgeschichte, Darmstadt (Wissenschaftliche Buchgesellschaft) 2009
- Münkler, Herfried und Münkler, Marina, Lexikon der Renaissance, München (Beck) 2005
- Rehm, Ulrich, Boticelli. Der Maler und die Medici. Eine Biographie, Stuttgart (Reclam) 2009
- Reinhardt, Volker, Die Renaissance in Italien. Geschichte und Kultur, München (Beck) 2007
- Wunderer, Hartmann unter Mitarbeit von Hans-Wilhelm Eckhardt, Europa bricht auf – Kultur, Staat und Wirtschaft in der Frühen Neuzeit (Schroedel – Thema Geschichte), Braunschweig 2004
- Wunderer, Hartmann, Künstler und das Hexen-Stereotyp – Zu den Hexen-Darstellungen von Hans Baldung Grien, in: Geschichte lernen 107 (2005), S. 52–56
- Wunderer, Hartmann, Anfänge der Wissenschaftlichen Anatomie. Andreas Vesalius und der neue Blick auf den menschlichen Körper, in: Geschichte lernen 115 (2007), S. 41–47

- Geschichte lernen 25 (1992): Themenheft „Kolumbus und die Folgen".
- Geschichte lernen 79 (2001): Themenheft „Renaissance".
- Praxis Geschichte 1/1992: Themenheft „Kolumbus und die Folgen".
- Praxis Geschichte 1/2000: Themenheft „Frühe Neuzeit".

BILDQUELLENVERZEICHNIS